本书由第七批云南省高校科技创新团队项目"云南省高校滇
集中连片特困地区社会治理科技创新团队"资助。

云南边境地区
流动人口族际关系调适研究

STUDY ON THE ADJUSTMENT OF INTER-ETHNIC RELATIONSHIP OF
MIGRANT POPULATION IN YUNNAN BORDER AREA

梁海艳◎著

经济管理出版社
ECONOMY & MANAGEMENT PUBLISHING HOUSE

图书在版编目（CIP）数据

云南边境地区流动人口族际关系调适研究/梁海艳著. —北京：经济管理出版社，2019.12

ISBN 978-7-5096-1220-0

I.①云… Ⅱ.①梁… Ⅲ.①边疆地区—流动人口—研究—云南 Ⅳ.①C924.247.4

中国版本图书馆 CIP 数据核字（2019）第 258751 号

组稿编辑：赵亚荣

责任编辑：赵亚荣

责任印制：黄章平

责任校对：赵天宇

出版发行：经济管理出版社
　　　　　（北京市海淀区北蜂窝 8 号中雅大厦 A 座 11 层　100038）

网　　　址：www. E-mp. com. cn

电　　　话：（010）51915602

印　　　刷：三河市延风印装有限公司

经　　　销：新华书店

开　　　本：720mm×1000mm /16

印　　　张：10.75

字　　　数：162 千字

版　　　次：2020 年 1 月第 1 版　　2020 年 1 月第 1 次印刷

书　　　号：ISBN 978-7-5096-1220-0

定　　　价：54.00 元

前　言

　　边境地区人口迁移流动不仅关系到民族团结、边境稳定和边防巩固，还关系到全面建成小康社会和构建社会主义和谐社会的进程。云南边境各县从东南到西北分别与越南、老挝和缅甸接壤，国境线全长 4060 千米，约占我国陆地边境线的 1/5，几乎囊括了云南省的南部和西部边界，其中中越边境线云南段长 1353 千米，中老边境线长 710 千米，中缅边境线长 1997 千米，有 90 余条边境通道和 103 个边民互市点。云南边境地区跨境民族多，全省共有少数民族 25 种，其中 16 种少数民族跨境而居，占全国①跨境民族种数的 1/2，属于跨境民族种类和跨境民族人口较多的省份。随着云南边境地区经济贸易的快速发展和对外开放的进一步扩大，云南边境地区流动人口规模逐渐扩大，地域分布更加趋于分散。外籍流动人口的大量进入，虽然在一定程度上缓解了边境地区劳动力资源的临时性短缺，促进了当地的社会经济发展，但是也给边境地区的治安管理带来了较大的压力，从而影响边境地区的社会稳定。

　　云南边境地区的不同地段，流动人口具有一定的共性，也有一定的特殊性。中缅地段，在长达将近 2000 千米的沿线一侧，几乎每个地方都有一定数量的外籍流动人口，主要分布在边境沿线各口岸，而尤以德宏州瑞丽、畹町，保山市腾冲，西双版纳州景洪、打洛等地较为集中。中越边境地区流动人口包括跨境劳务输出和跨境通婚两大类。中老边境跨境人口流动以婚姻移民为主，其次是边境贸易。中老边境地区跨境婚姻

---

① 为方便研究开展，本书中如无特殊说明，提及的 "全国" 均指除港澳台地区的 31 个省份。

的形成具有深厚的历史原因，中老跨境婚姻自古以来就有。中老边境一线居住着傣族、哈尼族、瑶族、苗族等，很多村寨属于跨境村，即一个村子横跨两个国家，边民相互通婚和日常走亲访友已经习以为常。总体上，云南边境地区人口主要呈现以下几个方面的特征：对流特征明显、人数众多、流动量大、来源广、分布散、空间分布不平衡等。

民族关系是不同民族在生产生活中结成的各种关系。云南民族关系是中国民族关系的重要组成部分，是部分和整体的关系。由于云南自身历史发展的特点，其在与祖国其他省份的互动，包括与周边省区的互动，以及与周边国家的联动中，其民族关系与其他地区的民族关系具有共性，同时也有其个性特征。友好和谐和矛盾冲突两种民族关系类型，民族关系和谐、民族关系复杂、汉族与少数民族的关系亲密融洽三大特点，多元一体的和谐共处、内聚中华的亲密关系、相互依存的互补合作格局，这些类型、特点和格局构成了当下云南民族关系的基本特征。

从流动人口的社会关系形成来看，实际上，云南边境地区流动人口的族群（Ethnic Group）关系是三对关系的矛盾统一体：①本地居民与外来人口的关系；②国内与境外跨境民族的关系；③本族与他族的关系。这三对关系是一个辩证统一和互动转化的过程。云南边境地区在中越边境地段、中缅边境地段普遍存在农村集市，边境地区农村集市集散中心形成后，以此为核心的社会交往关系圈就迅速建立起来，并逐渐向边境地区的周围村落辐射，在中心圈向外扩张的过程中，将边境地区的边民联结起来，形成了各种关系网，并对边民的经济与生活产生影响。

目　录

第一章

绪 论

一、区位与概况

云南位于我国西南内陆与东南亚、南亚的接合部，西部、南部一线分别与缅甸、老挝、越南三国接壤，并与泰国、柬埔寨、印度和孟加拉国相邻，国境线长 4060 千米，其中除了中缅边界外，另有中老边界 710 千米，中越边界云南段 1353 千米。中缅边界云南段的走向，上段 500 多千米大致呈南北偏西走向，沿高黎贡山的山脊南下，中、下段转向东南至西双版纳与中老边界相连接。边境沿线地区的自然地理环境方面，上段地处青藏、云贵两大高原接合部的横断山区，沿海拔 4000 多米的高黎贡山东麓中方一侧，为世界自然遗产"三江并流"腹心地带，自西向东排列着怒江、怒山山脉、澜沧江、云岭山脉和金沙江（长江）等高山大川；西麓缅方一侧为素有"东方亚马孙河"之称的伊洛瓦底江及其上游恩梅开江和迈立开江流域。中、下段边境沿线内外则多属怒江—萨尔温江、澜沧江—湄公河两大国际河流中游的低纬度、低海拔丘陵河谷湿热地带，大部分地段无山川阻隔，在地理空间上连成一片。

全省 16 个州市中有 8 个与缅甸、越南、老挝山水相连。云南边境地区是一个多民族地区，2007 年末统计，边境 25 个县总人口 647 万人，占全省总人口的 14.3%。边境地区属于典型的农村地区，边境总人口中农业人口 517.43 万人，占边境总人口的 80.6%，少数民族人口 367.48 万人，占边境总人口的 57.2%。2016 年，云南省边境地区土地面积 20.2 万平方千米（占全省土地面积的 51.4%），常住人口总数 1882.9 万人（占云南全省总人口的 39.9%），平均人口密度（74.47 人/平方千米）显著低于全省平均人口密度（120.37 人/平方千米）①。云南省 25 个边境县市中，除腾冲市、龙陵县、镇康县 3 个县市外，其余 22 个县市均属于民族自治地方②，少数民族人口规模和比重较大。

云南省多种民族大杂居小聚居，呈立体分布的状态。有 16 个民族跨境而居，占全国跨境民族总数的 1/2，这些民族与周边国家民族文化同源，语言相通，习俗相近。有 7 个人口较少民族，即独龙族、德昂族、基诺族、怒族、阿昌族、普米族、布依族。20 世纪 50 年代初，云南边境地区许多少数民族还分别处于原始社会末期、奴隶制、封建领主制、地主制等社会经济形态，因此，云南边境民族地区大多是"直过地区"。

（一）跨境民族

云南有 16 个少数民族跨境而居，即壮族、傣族、布依族、苗族、瑶族、彝族、哈尼族、景颇族、傈僳族、拉祜族、独龙族、怒族、阿昌族、德昂族、布朗族、佤族，与居住在境外的居民同属一个民族，尽管称谓不同，但由于共同的历史渊源、语言和文化习俗，以及通婚、互市、共耕等关系，自古以来，这种同源文化和亲缘民族关系紧密地联系着云南

---

① 资料来源：http：//www.ruili.gov.cn/tzrl/zc/content-168-1291-1.html。
② 罗仁娟. 云南边境地区人口跨境流出及其影响因素分析[D].云南师范大学硕士学位论文，2017.

与东南亚国家的友好往来。

1. 壮族

壮族是由中国古代岭南越人的一个支系发展而来，是中国少数民族中人口最多的一个民族。居住在云南的壮族有100万人，主要聚居在文山州、红河州等地，分布在越南的壮族约192.8万人。壮族的宗教信仰有传统宗教、大乘佛教和道教，少数信仰基督教。壮族服饰主要有蓝、黑、棕三种颜色，住房为吊脚楼，上层一般为3~5个主人居住的房间，而下层为木楼柱脚，可养牲畜。壮族是一个好客的民族，到壮族村寨任何一家做客的客人都被认为是全寨的客人，往往几家轮流请吃饭，一家杀猪请全村的人一起吃杀猪饭。招待客人的餐桌上务必备酒，方显隆重。壮族人忌讳农历正月初一杀生。

2. 傣族

傣族先民为古代百越中的一支，汉代时称"滇越""掸"。魏晋以后有"金齿""白衣""摆夷"等多种他称，但自称是"傣"，意为酷爱自由与和平的人。傣族主要聚居在云南省西双版纳傣族自治州、德宏傣族景颇族自治州和耿马傣族佤族自治县、孟连傣族拉祜族佤族自治县。分布在境外的傣族人中越南约104万人、老挝约33万人、缅甸约250万人、泰国约8万人。傣族多信仰南传上座部佛教。傣族以大米为主食，最具特色的是竹筒饭。傣族妇女的穿着打扮是全世界最美丽的，就像孔雀开屏一样，五彩缤纷，美不胜收。傣族人居住在竹楼上层，下层养家畜、堆放农具杂物。泼水节是傣族最富民族特色的节日，泼水节期间还要举行赛龙船、放高升、放飞灯等传统娱乐活动和各种歌舞晚会。

3. 布依族

布依族与古代的"僚""百越""百濮"有渊源，唐代史称"西南蛮"，宋元以后称"蕃""仲家蛮"，明清时期称"仲蛮"，中华人民共和国成立后统称布依族。布依族与壮族同源，先民都是古代百越的一支。布依族是云贵高原东南部的原住民，早在石器时代就在这里劳动生息，居住在平坝或靠近河谷地带。布依族境外主要分布在越南，宗教信仰为传统宗教。布依族人嗜酸辣，尤其是妇女，酸菜、酸汤和辣椒几乎每餐必备。酒在布依族日常生活中占有很重要的位置，每年秋收之后，家家户户都要酿制大量的米酒储存起来，以备常年饮用。布依族喜欢以酒待客，不管来客酒量如何，只要客至，都奉上大碗迎客酒。到布依族人家做客，不得触动神龛和供桌，火塘边的三脚架忌讳踩踏。布依族男女多喜欢穿蓝、青、黑、白等色布服装。一年之中最大的节日是过年，春节从除夕过到十五。除夕前要杀年猪，舂糯米粑粑，准备各种蔬菜，初一到初三布依族有吃素的传统。

4. 苗族

苗族相传为蚩尤部族（炎帝）后人，于炎黄一统后背而南下，入百越进入今天的湖南、广西、云南一带居住，今天苗族在越南、老挝、缅甸、泰国均有分布。苗族是中国最古老的民族之一，也是中国最早定居的民族之一，分白苗、花苗、黑苗、青苗四种，宗教信仰有自然崇拜、传统原始宗教，一些苗族还信仰基督教、天主教，极少的人信仰佛教、道教。苗族人喜吃狗肉，口味以酸、辣为主，尤其喜食辣椒。喜戴银饰是苗族姑娘的天性，她们挽发髻于头顶，戴上高约 20 厘米且制作精美的银花冠，花冠前方插有 6 根高低不齐并雕刻着二龙戏珠图案的银翘翅。苗家能加工并保存熏制腊肉、腌肉、腌鱼、鱼干、香肠等。每到春节前夕，苗家每户须选择一块最好的瘦腊肉，杀一只鸡祭祖。苗族最隆重的节日是祈求子孙昌盛的花山节。

5. 瑶族

瑶族自称"勉"，中华人民共和国成立后统称为瑶族。大多数人认

为，瑶族与古代的"荆蛮""长沙武陵蛮"等在族源上有渊源。瑶族主要
分布在广西、湖南、广东和贵州，云南省河口县、富宁县和江城县等边
境也有分布。境外的越南、老挝、缅甸和泰国均有分布。道教对瑶族影
响很大，凡属丧葬祭祀仪式，基本上按道教法旨进行。瑶族男女服装主
要用青、蓝土布制作。男子喜欢穿对襟无领短衫，下着长裤或过膝短裤。
妇女喜欢穿无领大襟上衣，下着长裤、短裙或百褶裙，在服装的领口、
袖口、胸襟、腰带、裙边饰以色彩斑斓的挑花、刺绣，鲜艳夺目。瑶族
的节日比较多，有春节、元宵节、清明节、端午节、干巴节、新米节、
目莲节等，盘王节是最大的节日。瑶族盘王节是瑶族人民纪念其始祖盘
王的盛大节日，迄今已有1700多年历史。在古朴庄重的公祭盘王大典仪
式上，瑶族男女老少都穿上自己民族的节日盛装，脸上绽放着灿烂的笑
容，用吟唱、祭酒、舞蹈、上香等形式来祭祀盘王先祖，追溯历史。

6. 彝族

彝族是古羌人南下在长期发展过程中与西南原始部落不断融合而形
成的民族，主要分布在四川、贵州及云南三省腹心地带，境外的越南、
老挝也有分布。彝族宗教具有浓厚的原始宗教色彩，崇奉多神，主要有
万物有灵的自然崇拜和祖先崇拜，至今彝族还保留着一种鲜为人知的古
老历法——彝族十月太阳历。以酒待客，有"他人贵茶，彝人贵酒"之
说。男子通常穿黑色窄袖右斜襟上衣和多褶宽裤脚长裤，妇女较多地保
留了民族特点，通常头上缠包头，有围腰和腰带。彝族的节日主要有火
把节、彝族年、拜本主会、密枝节、跳歌节等。火把节是彝族地区最普
遍且最隆重的传统节日。

彝族分为两大支系——黑彝和白彝。在族群的划分当中黑彝的地位
会高于白彝一些，本书中介绍的习俗以黑彝为主。

（1）地域文化。彝族聚集地一般以边陲山区为主，背靠高山，村庄依
山而建。而且彝族不喜欢和其他民族混居，一般村庄都以彝族为主，在20

世纪很少有彝族和其他民族通婚，所以那时候也基本都是彝族聚居。进入21世纪，随着经济文化的发展，越来越多的彝族同胞从村寨中走出去，走向更广阔的地方，也就促进了与其他民族的通婚发展。彝族有自己的民族语言，但是很多青少年由于很小就远离村寨而遗失了彝族的语言。

（2）风俗习惯。彝族以好客著称，《远方的客人请你留下来》就是彝族小调。彝族是一个好客、讲究情义的民族，彝族人嗜酒，有自己的酿酒技术。黑色在彝族看来是神圣的象征，也是彝族比较喜欢的颜色。在20世纪，黑彝女性会将自己的头发留长，并将头发扎起来，缠绕上黑纱，盘在头上。盘绕的黑纱越多、圈数越多，则代表该女性在家族中的地位越高。彝族的服饰主要以手工刺绣为主，有腰带和围腰，刺绣的花纹以草木为主。彝族中的男性基本都有一件手工刺绣的马褂，方便劳作或者夏天穿搭，女性则以裙子为主。黑彝和白彝在服饰上也有所差别，黑彝主要以黑色为服饰的主要颜色。

（3）婚礼。彝族的婚礼因地域不同也有区别，但有一个传统是一直保留的，即女方嫁入男方以后，进门需要跨火盆，象征着红红火火。在彝族的婚礼当中保留着一个非常特别的习俗，在结婚时，会有一项活动，俗语称为"抹锅烟黑"。在很多彝族的村寨中还保留着原始的厨灶，还需要用木头或者炭烧火做饭，久而久之，在锅的外围就会形成一圈很厚重的炭黑。在彝族的婚礼中，会将这种锅黑抹到来参加婚礼的亲朋好友脸上，被抹得越黑的人则代表着会有更多的好运降临。

（4）葬礼。彝族是一个家族观念非常强的民族，所以家族中一旦有人去世，嫡系亲属必须到场，悼念死者。如果嫡系亲属中有长辈去世，而去世的长辈子女甚少，则死者的哥哥或者弟弟家的孩子需要和死者的亲生孩子一样，行跪拜大礼（三步一叩首）为死者送行。

（5）节日。彝族中最隆重的节日是火把节。在这一天，全村寨的人会聚集在一起吃饭、点燃篝火，围着篝火会跳起左脚舞，并且会手拿火把，排成长队，走过村寨的每一个角落，祈求来年一切顺利。其实，在黑彝的火把节中还有一项运动是一直被传承和保留的——打秋千。在一个村寨中，总会有一位长辈，找到村里两棵临近的大树，为村里的孩子们绑好秋千。彝族的小伙儿们能站在秋千上，在空中完成空翻、单手荡秋千等高难度的动作。所以彝族的孩子从小就会荡秋千，荡秋千是很多彝族孩子的童年记忆。

（6）春节。春节，彝族人一定要煮一个完整的猪头，在年夜饭之前，由家族中的长辈抬着煮熟的猪头祭拜各方神灵，祈求来年是一个丰收年。

（7）娱乐。喝酒是彝族的一大特色，彝族同胞们在任何节日或者聚会中都会以酒助兴。用彝族人的话来说：彝族人是用酒泡大的。彝族的酒文化源远流长，他们认为只有喝酒才是真诚的表现，酒桌上彼此坦诚。

7. 哈尼族

哈尼族源于古代氐羌族系，氐羌族系原游牧于青藏高原，后逐渐南迁，主要聚居在滇南红河和澜沧江之间的绿春、金平、江城、澜沧等县，越南、老挝、缅甸、泰国均有分布。宗教信仰为多神崇拜，部分信仰佛教和基督教。男子多穿对襟上衣和长裤，以黑布或白布裹头。妇女多穿右襟无领上衣，下身或穿长裤或穿长短不一的裙子，襟沿、袖子等处缀绣五彩花边，系绣花围腰，胸佩各色款式的银饰。哈尼族世居的蘑菇房经久耐用，冬暖夏凉。哈尼族节日有十月年、六月年、吃新米饭节、端午节和中秋节。最有特点的属长龙宴，按约定的日子，做东的各户人家一大早就把方桌抬到清扫干净的街心，一张接一张地摆放好，一百多张桌子连成100多米的长龙，一声招呼，做东的各户人家争先恐后地把拿手好菜和美酒摆上桌。

8. 景颇族

景颇族来源于青藏高原古代氐羌人，主要分布在云南德宏傣族景颇族自治州的潞西市、瑞丽市、陇川县、盈江县，境外缅甸多有分布，多数信奉基督教和天主教，少数信仰佛教。景颇族男子喜欢穿白色或黑色对襟圆领上衣，包头布上缀有花边图案和彩色小绒珠，外出时常佩戴腰刀和筒帕。妇女穿黑色对襟上衣，下着黑红相间的筒裙，腿上带裹腿。"目脑纵歌"是景颇族规模最大、最隆重的节日庆祝活动形式之一，历史上凡出征、凯旋、五谷丰登、婚丧嫁娶、喜迎嘉宾，景颇族都要举行这一庆祝活动。景颇族以刻苦耐劳、热情好客、骁勇威猛的民族性格著称。

9. 傈僳族

傈僳族为羌族后裔，与彝族有密切的族源关系，主要居住在金沙江、澜沧江和怒江流域海拔 1500~3000 米的河谷山坡上。傈僳族是怒江州的主体民族，境外的缅甸、泰国也有大量的傈僳族，多数信仰基督教，少数信仰佛教。傈僳族的服饰，妇女穿绣花上衣、麻布裙，喜欢戴红白料珠、珊瑚、贝壳等饰物；男子穿短衣，外穿麻布大褂，左腰佩刀，右腰挂箭包。傈僳族能歌善舞，文化艺术丰富多彩，主要节日有阔时节、刀杆节、傈僳年等，还有"江沙埋情人"等男女恋爱的趣事。

10. 拉祜族

拉祜族来源于甘肃、青海一带的古氐羌人，早期过着游牧生活，后来逐渐南迁，最终定居于澜沧江流域。澜沧拉祜族自治县和孟连傣族拉祜族自治县是最主要的聚居区，越南、老挝、缅甸、泰国均有分布，信奉原始宗教和佛教。拉祜人为人坦诚正直，"有酒桌上喝，有话当面说"，这是他们一贯奉行的信条。拉祜人可以一日不进餐，但不可一日不饮茶。拉祜族的传统住房主要有落地式茅屋和干栏式桩上竹楼两种。拉祜族的节日有春节、扩塔节、端午节、尝新节、火把节、新米节、祭祖节、卡腊节、搭桥节、葫芦节等。

11. 独龙族

独龙族自称"独龙"，他称"俅扒""俅人""曲洛"等。居住在贡山县独龙江流域的独龙族是独龙江地区最早的居民，1952 年正式定名为独龙族，境外的缅甸也有很多独龙族，信奉原始宗教和基督教。独龙族男女均用一块麻布披身，白天当衣穿，晚上当被盖，且都习惯赤脚和留短发。男子腰间佩砍刀、弩弓和箭包，显得粗犷强悍。妇女戴银制大耳环，颈部戴红黄绿等色珠子数串。特色食品如甜荞、苦荞、稗子等，几乎每家都会把粮食酿制成低度水酒当作饮料来喝。"卡雀娃"节是独龙族唯一的传统节日，一般在冬天腊月，没有固定的日期，可自由选吉日过年，当天要进行剽牛活动，以求来年丰收和平安，整个寨子的人都集中在一起喝酒、跳舞，尽兴才散。

12. 怒族

怒族是怒江峡谷最早的原住居民，早在 1000 多年前就在今贡山县一带繁衍生息，自称"阿怒"，后统称"怒族"，与独龙族同源，不仅语言相通，风俗习惯也相同。缅甸也有较多的怒族分布。怒族信仰原始宗教、藏传佛教和基督教。传统服饰以麻、棉布长衫为主。妇女喜欢穿裙子，佩戴用珊瑚、料珠、贝壳等串缀而成的头饰和项链。男子喜欢腰佩砍刀，肩挎弩弓。溜索是怒族人民不可缺少的重要交通工具。怒族同胞喜欢饮酒，也擅酿酒，贵客光临，必以酒相待。每年的农历三月十五日，贡山怒族群众都要欢度盛大的传统节日——鲜花节。

13. 阿昌族

阿昌族是青藏高原南迁的民族，自称"阿昌""蒙撒""汉撒"等，汉文史籍称为"峨昌""阿昌"，约 13 世纪进入德宏后，主要居住于陇川县和潞西市依山傍水平坝或半山区，盈江、腾冲等县市也有少量分布，境外阿昌族主要居住在缅甸。阿昌族普遍信仰小乘佛教，每年有定期的"进洼""出洼""烧白柴"等宗教节日和活动。阿昌族的服饰简洁、朴素、美观。男子多穿蓝色、白色或黑色的对襟上衣，下穿黑色裤子，裤脚短而宽。小伙子喜欢缠白色包头，婚后则改换黑色包头。妇女的服饰有年龄和婚否之别。未婚少女平时多穿各色大襟或对襟上衣、黑色长裤，外系围腰，头戴黑色包头。已婚妇女一般穿蓝黑色对襟上衣和筒裙，小腿裹绑腿，喜欢用黑布缠出类似尖顶帽状的高包头，包头顶端还垂挂四五个彩色小绣球，颇具特色。阿昌族喜食酸性食品。青年男女有嚼烟、嚼槟榔的习惯，牙齿往往被染成黑色，有"齿黑为美"的旧俗。

14. 德昂族

德昂族在历史上称为崩龙族，1985 年改名为德昂族，主要分为花德昂、红德昂、黑德昂三大支系，据考证，汉晋时期的濮人即为德昂族的先民。德昂族主要居住在德宏，潞西市三台山乡是全国唯一的德昂族乡，占全国德昂族人口的 22%，缅甸、老挝也有分布，信奉小乘佛教，有悠久的种茶历史，被称为茶的民族。德昂族喜吃酸辣食品，嗜饮浓茶，住宅为一户一院式的正方形竹楼。

15. 布朗族

布朗族是由古代居于云南南部的部分濮人（或称蒲人）发展来的。中华人民共和国成立后，根据本民族的意愿，统称为布朗族，布朗族主要分布在布朗山，境外的老挝、缅甸也有分布，信奉原始宗教和佛教。布朗族的住房建筑为干栏式竹楼，分上下两层，楼下关牲畜，楼上住人。布朗族大部分人信仰小乘佛教，崇拜祖先，节日期间有许多佛事活动，人们除了要举行迎接太阳的仪式，还要集体到佛寺举行开门节、关门节、赕佛、堆沙、浴佛、泼水等活动。许多传统节日大都与宗教活动有关，其中最具特色的节日有年节、祭寨神、洗牛脚等。"京比迈"是布朗人最隆重的节日，这一天，家家户户吃红糖糯米粑粑，还要用芭蕉叶包成两份，各插上一对蜡条、两朵鲜花，送到家族长家中：一份装入家族长卧榻上方挂的家族神位内，作为祭祀之用；另一份献给家族长。

16. 佤族

佤族自称"佤",1962 年定名为"佤族",主要分布在云南省西南部的沧源、西盟、澜沧、孟连、耿马、镇康等县的山区与半山区。老挝、缅甸、泰国也有大量的佤族。佤族主要信仰原始宗教,少数人信仰佛教或基督教。大部分佤族地区的住房构造和形状与傣族的住房相似,建筑材料以竹子为主。房屋分上下两层,楼上住人,楼下为牲畜、家禽活动之所。佤族普遍喜饮酒,喝苦茶。佤族是一个农业民族,过去生产力水平低下,抵御自然灾害的能力比较弱。因此,围绕农业生产形成了很多敬神祈福的祭祀性活动,有的还渐渐形成定制,发展成为节日,新米节便是其中之一。新米节是稻谷成熟、喜庆丰收、品尝新米的日子。

（二）人口较少民族

人口在 10 万以下的民族统称"人口较少民族",在云南有独龙族、德昂族、基诺族、怒族、阿昌族、普米族、布朗族 7 个人口较少民族。这 7 个人口较少民族总人口约 22.9 万人,主要分布在怒江、保山、德宏、西双版纳、临沧、普洱、丽江、大理、迪庆 9 个州市 31 个县的 175 个村委会 1407 个自然村。除普米族外,其他 6 个民族主要居住在边境沿线,与境外同一民族来往密切。云南省人口较少民族具有以下特点:

第一是民族多、人口多。全省有人口较少民族 7 个,占全国 22 个人口较少民族 63 万人的近 1/3,并且都是云南独有民族,是全国扶持人口较少民族发展任务最重的省份。

第二是"直过地区"民族多。除普米族、阿昌族外,其他 5 个人口较少民族是"直过地区"的民族,从原始社会末期直接过渡到社会主义社会,社会发展程度低,自我发展能力弱。7 个人口较少民族人均受教育年限仅 5.2 年,文盲率达 21.4%。

第三是贫困程度深。2005 年，7 个人口较少民族聚居的 175 个村委会农民人均纯收入 845.7 元，为全省平均数的 41.42%。德昂族、怒族、独龙族基本上整体处于绝对贫困状态。笔者到贡山县、兰坪县和陇川县 3 个人口较少民族聚居地区进行了调研，涉及 6 个人口较少民族。贡山县是我国独龙族的主要聚居地和怒族的聚居地之一，兰坪县是我国普米族的主要聚居地，另外有少量的怒族，而陇川县则是我国景颇族和阿昌族的主要聚居地，另外有少量的德昂族。调查发现，人口较少民族聚居地区的城乡社会救助存在一些比我国其他地区更为突出的问题，主要表现在以下两个方面：①低保人口尤其是农村低保人口的比例过高。我国绝大多数人口较少民族聚居地区的共同特点是地处偏远、地广人稀、经济落后和城镇率偏低，所以当地城乡居民尤其是农民的收入水平极其低下，贫困人口众多，由此导致当地低保人口的比例居高不下；②最低生活保障待遇的城乡差距过大。根据 2014 年底的统计数据，全国农村低保平均补助水平是城市低保平均补助水平的 45.1%，而贡山县与兰坪县的这一数据是 39.13%，陇川县的这一数据是 44.97%。只有陇川县的城乡低保补助水平的差距比较接近全国的平均水平，其他两个县的城乡低保补助水平的差距则明显过大。

第四是社会经济发展滞后。由于居住在远离城市的山区，交通闭塞，当地居民有的甚至过着与世隔绝的生活，属于典型的"直过地区"，生产发展困难，生活靠天吃饭，居住条件差，人畜饮水困难。经济以传统农业为主，收成不好的年份青黄不接，粮食不够吃，城镇化发展水平较低。2014 年 3 月，中共中央、国务院印发了《国家新型城镇化规划（2014—2020 年）》，提出以新型城镇化推进城乡发展一体化的战略思想。推进新型城镇化，就必须破除城乡二元结构，推动城乡公共资源的均衡配置，建立城乡统一的户籍登记管理制度、土地管理制度和社会保障制度，全面推进教育、医疗和社会保障等基本公共服务的城乡均等化，最终实现城乡发展的一体化。人口较少民族聚居地区的城镇基础设施建设普遍比较落后，为群众提供公共服务的能力比较弱，缺乏聚集产业和人口的吸引力和凝聚力，这一现状严重影响到当地的城镇化水平。根据 2012 年的统计数据，贡山县、兰坪县和陇川县的城镇化率均大大低于全国的平均水平（见表 1-1）。

表 1-1　2012 年城镇化率和城乡居民收入比较

	城镇化率（%）	城镇居民人均可支配收入（元）	农民人均纯收入（元）	城乡居民收入对比
全国	52.6	24565	7917	3.1∶1
贡山县	18.7	13169	2209	6.0∶1
兰坪县	23.0	15146	3016	5.0∶1
陇川县	29.0	15008	4186	3.6∶1

资料来源：本书课题组实地调研获得。

从表 1-1 可以看出，城镇化率过低导致了人口较少民族聚居地区城乡居民收入的较大差距，也导致了当地城乡社会救助待遇的巨大差距，城镇化率越低的地方，这种城乡差距也就越明显，因此城镇化率过低是当前在人口较少民族聚居地区构建城乡一体化社会救助体系的一个重大障碍。基于此，只有通过加快推进新型城镇化建设使当地的城镇化率得到大幅度的提升，才能切实缩小人口较少民族聚居地区城乡社会救助的较大差距，从而真正构建起城乡一体化的社会救助体系，充分体现党的十八大报告所倡导的社会公平正义原则。

（三）"直过民族"[①] 地区

中华人民共和国成立前，云南边境地区还有景颇族、傈僳族、独龙

---

① 中华人民共和国成立以后，未经民族改革，直接由原始社会跨越几种社会形态进入社会主义社会的民族。

族、怒族、德昂族、佤族、布朗族、基诺族 8 个民族和部分拉祜族、哈尼族、瑶族等民族处于较为原始的社会形态中，由于边境地区阶级关系、民族关系、内外关系错综复杂，为了稳定边疆、团结民族，在党的领导和国家的大力支持下，依靠贫苦农民，通过互助合作，发展生产，逐步消灭封建因素和原始落后因素，逐步地直接过渡到社会主义。"直过民族"地区类型有：由原始公社直接过渡的民族，主要是分布在怒江州、红河州、德宏州和西双版纳等处的独龙族、怒族、傈僳族、基诺族、佤族、景颇族、德昂族、布朗族及部分拉祜族、哈尼族、瑶族等，他们曾经主要靠打猎和采集野果为生，生产工具是以石、木、竹为主的原始工具，极其简陋，农业生产以广种薄收、刀耕火种为主，手工业尚未从农业中分离出来，没有商品经济；由奴隶制直接过渡的民族，主要是彝族，中华人民共和国成立前后已经开始使用铁制工具，但数量和种类不多，农业仍停留在广种薄收、刀耕火种阶段，但此时畜牧业有了一定的发展，约占农业收入的 20%，商品交换很不发达，手工业仍未从农业中分离出来；由封建制直接过渡的民族，主要是分布在西双版纳和德宏等地的傣族、哈尼族、拉祜族和一部分彝族和傈僳族等，他们的铁制工具已较多使用，役畜成为农业生产的主要劳力，手工业和商品经济有了初步发展，已经有了固定的交易市场和钱币的使用。

（四）宗教信仰

云南是中国宗教类型最多、分布最广、宗教信仰颇具特色的省份。一方面，云南各少数民族不同程度地保存着原始宗教的诸多因素，另一方面，16 个跨境民族分别居住在越南、老挝、缅甸、泰国，这为世界三大宗教的传播创造了有利的条件，形成了多元、多层次的宗教文化，极富区域性和民族性。云南 26 个民族都有宗教信仰，除回族信仰伊斯兰教外，其他民族分别信仰两种或多种宗教，种类主要有佛教、伊斯兰教、基督教、天主教、道教和原始宗教。边境地区在五大宗教传入前均处于自然崇拜的原始宗教阶段，认为天、地、山、水、石等都有鬼神，并有各自繁杂的祭祀活动。只要有人患病或遇到不吉利的事物即请巫师祭神驱鬼。由于对宇宙、自然和人自身缺乏必要的认识，又没有基本的医药防病治病能力，祭祀成为当地民族消灾祛病、祈求平安的唯一方式。此外，在出远门做生意、狩猎等不确定因素多的活动之前，常以占卜的方式预测吉凶祸福。后来，随着各大宗教的传入，出现了原始宗教和五大宗教并存的局面。傣族、德昂族、布依族等主要信奉佛教；瑶族信奉道教；回族信仰伊斯兰教；苗族、景颇族、傈僳族、怒族、独龙族等主要信奉基督教、天主教等。

边境地区是宗教问题长期性、民族性、群众性、国际性、复杂性比较突出的特殊地区。尊重和保护宗教信仰自由，是党和政府对待和处理宗教问题的一项长期基本政策，这一政策以团结全国各族人民共同建设社会主义现代化强国为目标，符合包括信教群众在内的各族群众的根本利益。中华人民共和国成立以来，广大信教群众和爱国宗教人士同其他各阶层人士一样，获得政治上的新生、经济上的解放，信教群众享有充分的宗教信仰自由权利，并积极为社会主义各项建设事业服务。

（五）边境口岸与国际通道

目前，中缅边界中国一侧沿线共设有怒江州泸水县片马，保山市腾冲县城，德宏州瑞丽、畹町和盈江县城，陇川县章凤，临沧市镇康县南伞、耿马县孟定、沧源县城，普洱市孟连县城，以及西双版纳州景洪港、勐腊县关累港、勐海县打洛13个国家一类、二类边境水陆口岸，分别与境外缅方的大小口岸相对应。中缅两国之间的国际通道，据历史文献记载最迟不晚于公元前2世纪的西汉中叶就已开通，其中举世闻名的古"西南丝绸之路"西部干线"蜀—身毒道"（中国四川—印度）便取道今云南与缅甸北部通往印度直至西亚和南欧。延至近现代，继先后开通了滇缅公路、中印公路（史迪威公路）、昆洛公路（昆明—打洛）等国际交通线和昆明至缅甸仰光、曼德勒的国际航空线及澜沧江—湄公河中游的国际水道之后，目前正在进行各主要国际交通干线的高等级化改造。而在边境沿线地区，则除上列交通干线外，还分布着40余条与各边境通道口相连接的支线公路和不计其数的山林小道。

二、研究目的与意义

2014年末，中共中央、国务院在《关于加强和改进新形势下民族工作的意见》中明确指出，当前"各民族交往交流交融趋势增强和涉及民族因素的矛盾纠纷上升并存，影响民族关系的因素更加复杂；反对民族分裂、宗教极端、暴力恐怖斗争成效显著和局部地区暴力恐怖活动活跃多发并存等"。在此背景下，对民族关系的研究成为新时期当下民族问题研究的重要命题。边境地区人口迁移流动不仅关系到民族团结、边境稳定和边防巩固，还关系到全面建成小康社会和构建社会主义和谐社会的进程。学界关于流动人口的研究主要集中在城市或经济发达的地区，而对云南边境地区流动人口的关注较为薄弱，导致这种局面的重要原因之一是边境地区相关人口数据，尤其是流动人口的数据资料十分缺乏，难以掌握这些敏感区域的流动人口基本状况。可是，人口是社会经济发展的重要基础，人口流动对区域人口数量、结构、空间分布变动都会产生影响。边境少数民族地区人口流动牵涉到国内与国际两个层面，远比内地省际人口流动更为复杂。边境地区流动人口问题的解决直接关系到民族关系的和谐与经济社会的稳定，甚至还会影响国家的战略安全。

从学理上看，人口流动是一个特殊的概念。在中国，人口流动现象是由于中国特殊的户籍制度产生的一种特殊现象。对于人口流动问题的研究，我国起步比较晚，国外众多专家学者对流动人口的主体进行了分析，比较经典的人口流动模型有刘易斯的二元部门模式（Dual-sector Model），这一理论强调靠工业扩张来吸收剩余劳动力，并且无限剩余劳动力供应是人口流动的主导因素。经济学家托达罗（Todaro Michael P.，1969）则认为，仅靠工业扩张这一方面是不能解决剩余劳动力问题的，而城乡收入差异是人口流动的主要动力。托达罗注意到，随着技术水平和城市化水平的快速提高，发展中国家普遍存在着原本从事农业生产的人口从技术水平快速发展的农业生产中解放出来，并大量涌入城市寻找工作机会，但同时，人口的快速涌入致使城市部门无法及时为这部分人口提供就业机会的现象。基于这一现象，托达罗将劳动力市场分解为"农业部门""传统城市部门"和"工业部门"三个部门，其中"传统城市部门"又被称为"非正规部门"。而农村剩余劳动力进入城市后的就业过程可分为两个阶段，即"农业部门——非正规部门"阶段和"非正规部门——工业部门"阶段，其中"非正规部门"的就业具有过渡性、暂时性，是农村剩余劳动力完成职业转换并最终稳定在城市就业的阶梯[①]。由于我国人口多，特别是农村人口多、基数大、增长快、地区发展不平衡等特点，每个地区人口流动的特点和现状都各有特色。本书在已有研究的基础上，以云南为例对边境地区人口流动的空间格局、人口流动的社会经济特征及影响因素展开详尽的分析，并在此基础上进一步分析流动人口族际关系及其演变，具有很强的理论意义。

从实际意义来看，对边境地区的人口流动进行深入研究，有利于促进我国经济的发展，缩小各地区之间的贫富差距。本书结合云南边境地区边境县（市）人口流动的背景，通过各种模型的构建，展现了这些边境县（市）人口流动的流量和分布，可以清晰地看到人口的省内流动、省际流动和国际流动所占的比重，对迁移人口性别、文化程度、年龄、

---

① Todaro Michael P. A Model of Labor Migration and Urban Unemployment in Less Developed Countries [J]. American Economic Review, 1969, 59 (1): 138-148.

迁移原因的分析归纳，对引导人口有序流动和合理布局、促进城市化进程、统筹区域和城乡发展具有重要意义。本书运用多元结构模型和因子分析对影响边境县（市）流动人口族际关系形成的原因进行分析，为政府和相关机构的决策者制定人口流动政策提供重要数据参考资料和政策依据，具有较强的现实意义。

三、国内外研究综述

国外对移民的国家认同、文化认同、族群认同的关系研究主要集中在跨国移民上，如美国对欧洲、美洲、亚洲等移民的研究，欧洲的英国、法国、德国等对穆斯林移民的关注。早期主要运用文化适应理论，以移民对迁出地和迁入地宗教文化的吸收程度不同提出了整合型、同化型、分离型、边缘型（Berry，1990）及交互型文化适应模式（Bourhis，Mo，1997），在区分文化适应策略和文化适应态度的基础上提出相对文化适应模型（Navas，García，2005），文化适应过程受到社会和个人两个层面影响（Ward，Bochner，2001）。后殖民理论将历史和殖民主义融入当代的全球化叙述，"对宗教学开端中的西方主义、宗教学方法的本质主义及宗教对话多元主义的批评"，认为后殖民世界不仅仅"是单线的对殖民主义的依恋和回溯，还叠加了原住民的交流、依赖、适应、挪用和抵抗"的"流散"关系的杂糅空间（Hall，1996；Anderson，2000）等。

在中国，跨境民族地区人口迁移流动一般还会涉及民族团结问题、宗教认同问题、国防问题、社会稳定问题。尤其是在我国社会转型的关键时期，国家的体制改革、政策调整在跨境民族地区都会有"震感"反应。国内关于流动人口的研究浩瀚如云，可是专门针对族际关系的研究并不多，主要以流动人口的社会融合为载体来进行分析（雷敏等，2007；任远等，2012；余运江等，2012；陈湘满，2013）。随着流动人口长期化与家庭化趋势的发展，居留意愿越来越成为众多学者的研究兴趣点（赵艳枝，2006；熊波，2007；陈文哲等，2008；段志刚等，2010；孟兆敏等，2011；蔚志新，2013），但上述研究所涉及的地理区域主要分布在沿海地区或经济发达的城市，而专门对云南边境地区流动人口进行研究的还比较少。我国边境地区人口流动方面的研究主要包括以下几类：

（1）云南边境地区人口流动相关研究。如李光灿（1998）认为，贩毒吸毒问题与人口的流动有直接关系，毗邻毒源基地的云南大量的人口流动催生了这一边境省份独特的毒品犯罪现象。何跃（2008）通过对云南省边境地区 19 个贸易口岸的分析，得出了境外流动人口大量入境，严重侵犯了我国的国家主权，影响边境地区社会治安和社会稳定，同时由于地理、历史等方面的原因，越南、老挝、缅甸三国边民非法入境和居留，给我国户籍制度管理造成困难。何跃（2009）从社会分层的视角对云南境内的外国流动人口态势进行分析。他认为，自 20 世纪 80 年代以来，活跃在云南境内的外国流动人口以商贸型、季节务工型和跨文化交流型这三类流动人口为主。其中，在文化交流型流动人口中，东南亚国家留学生数量增长最快，韩国留学生数量稳步增长，而美日两国留学生小幅平稳增长。在这些留学生中，攻读非汉语类专业留学生的人数也呈逐年增加趋势，私立学校招收外籍留学生的规模也在不断扩大。罗刚（2011）通过对云南边境民族地区人口非法流动三个特点进行分析后，从法律的层面提出了研究防控该地区人口非法流动的对策，首先分析了我国边境管理相关法律法规和管理制度上存在的不足，在此基础上，提出了规范该地区人口非法流动的法律对策。张爱华（2012）认为，在中缅边境云南段外籍流动人口服务管理工作存在部分外籍流动人口国籍身份难以认定、基层派出所外籍流动人口服务管理滞后等问题。

（2）生态脆弱类型区、少数民族类型区、陆地边境类型区人口流动相关研究。如王哲（2013）基于 2011 年三类地区人口流动及其影响因素监测调查的数据资料，深入分析了陆地边境地区人口外流对当地社会生活的影响。这些影响主要表现在：一是人口外流造成了土地资源闲置、土地经营效益降低；二是这类地区在交通、教育卫生和供水等方面基础设施建设不完善，阻碍了边境地区经济社会发展，特有的旅游资源未发挥应有的价值；三是人力资本结构失衡，导致农业劳动力匮乏，不能形成自身递增的收益率。

（3）新疆边境类型区人口流动相关研究。如申德英（2013）认为，目前新疆外来的流动人口主要以山东、河南、四川、甘肃等省份为主要来源，疆内区域间人口流动也占一定比例，流动人口的总体特点是从发展较落后的农村地区向经济发展较好、流动人口承载力较大的城镇流动。流动人口在存在方式上大多以地缘、血缘、业缘关系为基础，并以此形成居住和生活圈。同时，新疆流动人口呈现出一个不同于其他地方的显著特点，即流动人员多为家庭成员集体流动，各民族流动人口呈现出"大杂居、小聚居"的状态。

通过文献梳理后发现：边境地区的人口流动主要带来毒品犯罪、跨境非法婚姻等问题，造成边境地区社会动荡和经济不稳定，严重影响了我国的国家主权和国家安全。目前，学者们在人口流动的现状、动因、流动规律，以及对流入地和流出地造成的影响等方面已经取得了可观的研究成果，这对研究人口流动问题提供了思路，同时也提出了针对流动人口问题的对策和建议，具有一定的指导意义和现实价值。但是，目前关于人口流动的研究重点集中在人口流动的原因、动力机制及其影响方面，主要以某一个省份或某一个市为背景进行分析，特地针对某些县的研究，尤其是边境县的研究相对较少。

其次，缺乏关于流动人口深入、系统的实证研究。当前对边境地区流动人口的研究远远不够，对于云南边境地区的流动人口基本特征还没有完全搞清楚，云南边境地区流动人口的族际关系发生了什么样的变化更不清楚。少数民族自治区内的流动人口生存现状也是研究当代民族问题时需要特别关注与探究的议题。民族关系的融洽不仅取决于内陆地区少数民族流动人口的社会融入状况，更取决于少数民族自治区内各民族流动人口与本地民族间的融合互动。因此，本书试图从云南边境地区的边境县（市）人口流动时空分布变化、流入和流出人口经济特征等方面着手研究边境地区这一特殊区域人口流动问题，以便提出有针对性的政策和建议，促进人口平稳发展，维护我国边境地区的稳定和经济有序增长。

实际上，边境地区流动人口的民族关系是三对关系的矛盾统一体：①本地居民与外来人口的关系；②国内与跨境民族关系；③本族与他族的关系。而且这三对关系是辩证统一和互动转化的。近年来的民族问题与民族冲突等风险较为突出，理解上述三对关系命题，对深度了解新时期我国，尤其是云南边境民族地区的民族关系具有非常重要的现实意义。

基于上述考虑，本书旨在深入了解云南边境地区流动人口的工作、生活及社会融合状况，以及发展期望等方面，为我国新时期民族工作的开展提供一定的参考和依据。这不仅对我国流动人口发展具有积极意义，也关系到边境民族聚居地区的社会稳定与经济发展。

第二章

云南边境地区流动人口的基本特征

　　云南边境地区土地面积 20.2 万平方千米，一共覆盖 8 个州市，分别为怒江、保山、德宏、临沧、西双版纳、普洱、红河、文山，这 8 个州市共包含 56 个县区，其中 25 个为边境县①，占全国 135 个边境县市的 1/5。云南边境各县从东南到西北分别与越南、老挝和缅甸接壤，国境线全长 4060 千米，约占我国陆地边境线的 1/5，几乎囊括了云南省的南部和西部边界，其中中越边境线云南段长 1353 千米、中老边境线长 710 千米、中缅边境线长 1997 千米，包含 90 余条边境通道和 103 个边民互市点。云南边境地区跨境民族多，全省共有少数民族 25 种，其中 16 种少数民族跨境而居，占全国跨境民族种数的 1/2，属于跨境民族种类和跨境民族人口较多的省份。

---

　　① 云南省 25 个边境县如下：（1）怒江州：泸水、福贡、贡山；（2）德宏州：芒市、盈江、陇川、瑞丽；（3）保山市：腾冲、龙陵；（4）临沧市：镇康、耿马、沧源；（5）普洱市：孟连、澜沧、西盟、江城；（6）西双版纳州：景洪、勐海、勐腊；（7）红河州：金平、绿春、河口；（8）文山州：马关、富宁、麻栗坡。

一、中缅边境地区流动人口

缅甸与我国西藏自治区林芝地区察隅县，云南省怒江州、保山市、德宏州、临沧市、西双版纳州接壤，中缅国境线总长约 2185 千米，其中滇缅边境线约 1997 千米。在长达将近 2000 千米的云南段沿线中方一侧，几乎都有一定数量的外籍流动人口分布，具体又可划分为以下两种类型：

（一）商贸、劳务类人员

此类人员主要分布在边境沿线各口岸，尤以德宏州瑞丽、畹町，保山腾冲市，西双版纳州景洪、打洛等地较为集中。例如，20 世纪末各地清理外来人员时，仅瑞丽市城区便清理登记长期滞留市内的各类外籍人员 800 余人，留居的时间短者数月，长者已达十多年。其余各地也有类似的情况，如腾冲市 500 余人，西双版纳州两县一市合计 1000 多人。以此推算，2018 年滞留在整个中缅边境沿线的商贸、劳务类外籍流动人口可达上万人。经实地观察和了解，这一类型的外籍人员多散布在边境沿线各口岸和中小城镇，以摆摊开店或打工为生，当地政府为加强管理，往往将其集中起来并由此形成一批以外籍人员为主体的特定社区，其中人数较多、规模较大的如瑞丽城区的"珠宝城"、姐告边境贸易区的"中缅街"、景洪城内的"旅游工艺品一条街"等。外籍人员所从事的经营活动各地不尽一致，按瑞丽市统计数据依次为：开设商行商号经营珠宝、玉器及各类工艺品、化妆品的约占 80%，餐饮、美容美发、按摩等服务业占 15%，汽车修理占 3%，柚木家具占 2%。外籍商贸、劳务人员的来源，边境沿线各地差异较大。一般来说，首先是缅甸的主体民族即缅族，其次才是来自边境沿线外侧的各少数民族边民。而夹杂其间的还有一定数量的境外华人或其混血后裔。此外,在中缅边境沿线腾冲、瑞丽、畹町、景洪等口岸,还分布着一批因皮肤黝黑、高鼻深目、头发卷曲而十分引人注目的外籍人员,当地群众习称"黑嘎剌"(意为"黑洋人")。经了解,此类人员的正式名称为"缅籍印巴人",原始来源多出自印度和孟加拉国与缅甸西部交界的毗邻地带,远者甚至来自斯里兰卡、尼泊尔、巴基斯坦等南亚次大陆其他国家,因其多信奉伊斯兰教,故有的资料又称之为"缅籍穆斯林"。上述各类人员所占比重,若同样以瑞丽城区登记在册的800余名外籍人员为例,分别为缅族约占25%,缅籍印巴人占50%,其余为掸(傣)族、克钦(景颇)等境外少数民族和华人,也占大约25%。

云南边境地区主要贸易口岸的境外流动人口以商人为主体构成,大体上这些商人可以分为两类:一类是缅甸侨商,这一类商人的祖籍大多在云南境内。如保山市腾冲口岸的许多缅甸侨商祖籍大多是腾冲人,普洱市孟连县农贸市场的缅甸侨商祖籍大多是孟连县人或普洱其他地区人,景洪市的缅甸侨商祖籍大多是西双版纳人。缅甸侨商多半经营珠宝玉石。他们在云南境内的外国流动人口中属于富裕阶层。这部分境外流动人口主要分布在云南境内的主要贸易口岸及边境地州市的主要贸易中心区和商业街。据不完全调查统计,在云南沿边口岸,缅甸侨商所开商店景洪市30余家、瑞丽市40余家、普洱市20余家、腾冲市30余家、孟连县20余家、西盟县8家。另一类是缅甸边民或缅籍跨界民族,他们利用独特的地理条件,长期在云南边境地区主要贸易口岸的农贸市场从事贸易活动,主要从事农副产品或小商品买卖。这两类境外商人构成云南主要贸易口岸的外国流动人口的主体。他们的居住地相对集中,有的缅甸籍商人已经购置了房产或铺面。如在瑞丽市有缅甸籍商人500多人,已形成了缅甸人社会,再如普洱市的孟连县有缅甸籍商人356人,西盟县有缅甸籍商人8人。①

云南边境地区还存在另一种境外流动人口,即境外的季节农民和季

---

① 何跃. 云南境内的外国流动人口态势与边疆社会问题探析[J]. 云南师范大学学报(哲学社会科学版),2009(1):18-25.

节工人。在农忙季节，云南境内的农民或跨界民族往往会雇用一些境外农民或境外边民帮助收割甘蔗、水稻和包谷等。雇主在雇用期间包吃包住，雇期一般在几天到十几天不等，帮工完后随即返回母国。还有一类季节工人主要是在贸易口岸的洗车场洗车、在建筑工地做小工、在饭店做杂工等。他们有的在建筑工地吃住，有的租住在打工地附近。云南边境地区这种季节性境外流动人口以缅甸边民最多，其次是越南边民，主要集中分布在云南边境一侧的农业自然村落或乡镇地带。

（二）"三非人员"

所谓"三非人员"，主要是指那些非法入境、非法谋职（就业）和非法留居的各类外籍人员。据调查，在边境中方一侧各州市，几乎都有一定数量的"三非人员"存在，而尤以保山、德宏、临沧、普洱、西双版纳 5 州市境内为多。20 世纪末各地清理外来人员时，仅思茅市（2002 年改为普洱市）便清出"三非人员"515 户 1133 人，德宏州清出的更是高达 3000 多人。由此推之，整个中缅边境沿线地区的"三非人员"至少也可达万人以上。据分析，造成"三非人员"存在的原因，除了上述所举中缅边境沿线地区的特定自然、人文地理环境外，主观上境内外边民国界、国土和国家意识淡漠，客观上近年来边境沿线地区我方一侧经济发展、社会进步所形成的吸引力，是造成境外人员非法入境、谋职和留居的重要因素。对于"三非人员"的来源、分布和结构，据调查，来源上以境外各少数民族边民为主；分布上则城乡兼而有之，特点是越靠近边界线就越多，如 2013 年在普洱市清理出来的 1133 名"三非人员"中，位于中缅边界沿线的孟连、澜沧、西盟三县就占 1000 人以上；结构上分为投亲靠友、非法婚嫁、打工谋生等多种类型，其中非法婚嫁主要是指境外妇女未按规定办理婚姻登记和入境、留居等手续，便擅自进入境内与我方边民结婚并从此留居下来。"三非人员"的年龄以 40 岁以下的青壮年为主，约占 85%；性别则男女大致相当，女性稍多。以上滞留在中缅边界沿线中方一侧的各类外籍流动人口，按各地提供的数据推算合计为 2 万~3 万人，但实际人数可能还要比这个更多。

二、滞留境外的中方流动人口

滞留边境沿线地区境外的中方流动人口大致可分为以下三种类型：

（一）商贸类人员

滞留中缅边界境外的中方商贸人员，据调查在边境沿线各地都有一定数量的分布，从实地观察的情况看，尤其以中缅边界中下段居多。其中，人数相对较多的主要是瑞丽市弄岛境外南坎、姐告境外木姐、畹町境外九谷（棒赛）、陇川县章凤境外洋人街、镇康县南伞境外的果敢县城、孟连县猛阿境外瓦邦首府邦康，以及勐海县打洛境外的小勐拉等缅方口岸和边境城镇，有的还进一步流往缅甸靠内地区的八莫、密支那、景栋、大其力乃至曼德勒（瓦城）等大中城市。相比之下，在中缅边界上段泸水县片马口岸外的大田坝、腾冲口岸猴桥外的甘拜地，人数相对要少得多。据悉，这主要是与边境沿线各地的自然与人文地理环境、交通道路状况、经济发展水平等诸多因素有关。滞留云南边界外侧的中方商贸人员绝大多数为来自我国内地各省区的外来流动人口，当地的各民族边民反而较少。如据西双版纳境外缅甸掸邦第四特区政法部 2014 年的统计资料，在其辖下中方打洛口岸外的小勐拉共有来自我国 27 个省区市的暂住人口 4320 人，其中四川和重庆 778 人，占 41.6%；湖南 1463 人，占 33.87%；广西 252 人，占 5.83%；贵州 187 人，占 4.33%；云南（包括中方边民和来自云南靠内地区的流动人口）167 人，占 3.87%；浙江

124人，占2.87%；福建122人，占2.82%；其余19个省区合计227人，占5.25%。留居境外的时间短者一两年，长者近十年。另据了解，在上述滞留境外的中方人员中，直接从原住地流出境外者人数十分有限，大多数都是辗转流出的，即先是从原住地流到云南靠内地区昆明、曲靖、玉溪、大理等中心城市，以后又沿交通线流入边境地区停滞一段时间后，再通过边境贸易、边境旅游或探亲访友等不同渠道流出境外并长期滞留下来。其中，不少人已通过各种关系办理了"马邦丁"即缅甸边民身份证，并俨然以"缅籍华人"自居，但往往同时又保留着中国公民的国籍，成为双重国籍拥有者。这些人所从事的经营活动，除各地均以珠宝玉器为大宗外，与国内的情况差别不大，特点是汉字、汉语的使用极为普遍，凡店铺摊点的标牌、广告等均采用中文或中缅两种文字并用，交易和服务时所使用的语言也因顾客而异兼操汉语、缅语或傣掸语等当地少数民族语言。

（二）劳务输出人员

在滞留境外的中方人员中，劳务人员也占有较大的比重，人数甚至不低于商贸人员。由于境外缅甸政府和各地方民族武装都不同程度地限制外籍人员自发入境求职谋生，因而中方人员出境务工多是由地方政府组织或由相关经贸、工程公司招募和派遣，按事先签订的协议实施经济合作项目或工程建设。规模较大的如腾冲市政府有关部门于每年旱季农闲时组织3000名农村富余青壮年劳动力，前往境外承担修路、开矿、伐木等劳务工程。与商贸人员不同的是，劳务输出人员的构成中，各地均以中方边境地区的各民族群众为主，部分来自本省靠内地区和省外，亦多为承揽项目或承建工程的经贸、工程公司自身的员工及所招募的劳工。在境外停留的时间，一般为开工时派出，完成后便集体撤回。所从事的工作，历来都以路桥工程、木材采运，以及矿山开采和电站、房屋建设为主导形式，但近年来随着中缅经济合作范围的不断扩大，农业技术和文教卫生类的出境人员也陆续增多。例如，2015 年在联合国禁毒署的资助下，西双版纳、临沧、普洱等州市先后派出农科人员及熟练工人 3000余人次出境，指导缅方各族群众种植水稻及甘蔗、香料、热带水果等高效经济作物以实施"毒品原植物改植替代计划"。

（三）非法出境人员

非法出境人员是指未经办理出境手续而以各种方式偷越国界出境并长期滞留境外不归者。据调查，在滞留境外的中方各类人员中，非法出境人员占有一定的比重，具体分以下几种类型：其一为非法出境打工。此类人员大部分为中方少数民族边民。如西双版纳州勐海县公安局外管科对该县辖下中缅边界我方一侧非法出境打工现象较为突出的巴达乡 5个布朗族、哈尼族、傣族自然村寨进行调查，结果为：巴达曼皮村非法出境打工 187 人（含目前正在境外的打工人员或曾经有过出境打工经历的人员），占全村人口总数 666 人的 28.08%；巴达村 160 人，占全村总人口 647 人的 24.72%；曼勒村 102 人，占全村总人口 343 人的 29.74%；曼迈村 209 人，占全村总人口 613 人的 34.09%；西满村 14 人，占全村总人口 271 人的 5.17%；5 个村寨共有 672 人非法出境打工或曾经非法出境打工，占总人口 2540 人的 26.46%。以此观之，我方边民非法出境打工不仅较为普遍，而且规模庞大。其二为边民外流。严格意义上的边民外流更多已属历史范畴，曾普遍发生在中缅边境沿线各地，重点是位于中缅边界上段的怒江州沿边各县，仅 20 世纪 50~70 年代末便流失边民数千人。究其缘由，主要是与当时肆虐全国的"人民公社化""文化大革命"等极"左"路线对边疆民族地区的冲击与破坏有关，同时与境外敌对势力和宗教势力的渗透与策动不无关联。现阶段的边民外流，虽然在人数、规模和频率上均与当初不可同日而语，但也绝非偶然现象。其原因多因时因人而异，总的来说，与家庭矛盾、邻里纠纷、耕地不足、部分群众对计划生育政策的抵触，以及境外地方民族武装为增加税收和扩大兵源而进行的拉拢与引诱等都有直接或间接的联系。其三为偷渡逃亡。偷渡逃亡是非法出境人员中的一种特殊类型，尽管总体人数不多（2002 年查获 111 起，抓获偷渡嫌疑人 294 人，组织偷渡犯罪嫌疑人即"蛇头"37 人），但危害巨大、影响极坏。经了解，自 20 世纪 90 年代初云南边境沿线全方位开放以来，此类活动便不时发生。偷渡逃亡人员的身份，有的属杀人、纵火、爆炸、抢劫等重大刑事案件的犯罪嫌疑人甚至是越狱脱逃的重刑犯，有的则属犯有贪污受贿、挪用公款或巨额诈骗等罪行而负案在逃的经济类犯罪分子，来源广泛，涉及云南省内沿边地带、靠内地区及省外若干个省区市。偷渡出境的方式则分以"蛇头"为向导取道山林小路偷越国界、用假身份证办理出境旅游手续从口岸蒙混过关，以及冒充边民混杂其间出境等多种方式。具体事件如，2003 年在怒江州贡山县制造"11.02"抢劫杀人碎尸案后逃亡出境，后于同年 12 月 12 日由中缅警方联合行动，从缅北大其力抓捕归案的李立安、尹德梅夫妇；同年 12 月从西双版纳境外小勐拉抓回的西安"11.05"特大贩枪案主犯湖北省陨西县人周荣平等。综上所述，中缅边境沿线地区的跨国人口流动与流动人口具有十分鲜明的地方特色。

三、中越边境地区流动人口

越南位于亚洲中南半岛东部，其北部同中国云南省和广西壮族自治区接界，西部与老挝、西南部与柬埔寨相连，东临南海。总人口 8693 万人，主要民族为京族，占总人口的 86%。国土面积 33 万平方千米。中越边界线西起中老越边界交汇点（十层大山 1875.1 米高地），东到北仑河入海口，云南段长 1353 千米，广西段 1020 千米。越南与中国云南省红河州的绿春县、金平县、河口县，文山州的马关县、麻栗坡县、富宁县，广西壮族自治区百色地区的那坡县、靖西市，崇左地区的天等县、大新县、龙州县、凭祥市、宁明县，防城港市、东兴市接壤。跨境流动人口构成包括以下几大类：

（一）跨境劳务输出

我国改革开放以来，由于第二、第三产业和城市化的发展，农村人口不断向内地迁移流动，导致边境地区的劳动力人口减少，农忙时节云南边境地区的劳动力资源严重不足，而越南边境地区则与中国的情况相反，劳动力资源比较富余，因此正好可以弥补云南边境劳动力不足的问题。劳动力的跨境输出是云南边境地区人口流动的一种主要形式，实际上是中越两国的劳动力供需不平衡导致的结果。

（二）跨境通婚

由于族源与文化的因素，云南边境地区的流动人口有很大一部分是跨境民族通婚的结果。两国边民通婚由来已久，跨境通婚是云南边境地区（中越地段）人口流动的一个重要原因，对双方都带来了一定的影响。对越南女性来说，嫁到中国是改善生活的一次"跳板"，对于中国男子而言，则解决了"老大难"的问题，这对于中越双方边民都具有好处，也是双方所能接受的。婚姻是彼此在对对方条件认可基础上实现的一种"优势互换"的结合，从根本上说是"异质互补"，① 显然中越边境的婚姻也属于此类婚姻的范畴，它能"延续"下来，主要是因为族源、文化习俗等内在因素存在相同或相似之处，同时在空间距离便利的情况下，双方人民往来不断，从而间接强化了双方共同"文化"的认同或归属，另外在两国男女

---

① 梅英，杨晓波. 中缅边境地区跨境婚姻交换特征分析[J]. 曲靖师范学院学报，2015（5）：59-62.

人口比例失衡的条件下，中国通过经济发展的正向吸引力或者可以说中国未婚男性是在婚姻挤压激烈的无奈之下转向越南女性的另一选择，这些都促使中越跨境婚姻的发生概率增大，具体主要体现在以下几个方面：

（1）跨境通婚数量逐年增长。据统计，截至2016年11月，云南与越、老、缅三国公民通婚人数约41981人，其中，女子人数为40365人，男子人数为1616人；缅甸32447人，约占77.3%；越南8345人，约占19.9%；老挝1042人，约占2.5%；无国籍或国籍不明者130人，约占0.3%；其他国家17人，约占0.05%。① 以云南临沧市为例，临沧地处中国西南边陲，下辖临翔区、凤庆县、云县、永德县、镇康县、双江县、耿马县和沧源县。其中，临沧市"边三县"镇康、沧源、耿马直接与缅甸接壤，特别是与缅甸掸邦北部的果敢、佤邦和滚弄地区接壤，国境线长290.79千米。临沧属边疆多民族聚居区，民族众多，一共有23个少数民族，其中有9个少数民族跨境而居。临沧边民与缅甸边民多属同一民族，两地村寨相依，边民世代跨境而居，同根同族、血脉相连、语言相通、文化相同、风俗相近，因而跨境通婚历史久远，涉外婚姻现象普遍。随着我国改革开放的深入，中缅两国公民交往日趋频繁，通婚人数逐年增多，特别是2009年缅甸果敢"8.08"事件后，前来中国境内申请办理结婚登记手续的人员大幅增加。统计显示，2009年以前，临沧全市有边民跨境婚姻3888对（到中国定居的数据），其中，依法办理结婚登记手续的1605对，占比41.3%，未办理结婚登记手续的2283对，占比58.7%。在3888对跨境婚姻中，"边三县"跨境通婚数量达到了2605对，其中领取结婚证的900对，未领结婚证的1705对，其他五县（区）1283对（领取结婚证的705对，未领结婚证的578对）。② 临沧市跨境通婚情况如图2-1所示：2006年108对216人，2007年126对252人，2008年

---

① 资料来源：http：//www.pkulaw.cn/fulltext_form.aspx? Gid = 334da6ddb11177d1db4382728d7a7afdbdfb。

② 资料来源：http：//www.npc.gov.cn/npc/xinwen/dfrd/yunnan/2010 - 08/13/content _ 1587508.htm。

227 对 454 人，2009 年 278 对 556 人。临沧市镇康县仅 2010 年上半年边民跨境通婚就高达 106 对，比上年同期增长 2 倍。[①]

从图 2-1 中可以看出，边民跨境通婚对数逐年增长，日益增多的非法跨境通婚已经显现出对边境社区和边民生活的诸多影响。西双版纳州景洪全市 9 个乡镇（街道办事处）有 505 户配偶为跨境通婚。跨境通婚数量的增加，源于改革开放的深化带来边境民族间交流的深入。德宏州中缅边境一线的跨境通婚中，根据民政部的婚姻登记数据统计发现，1987~2004 年中缅跨境婚姻对数为 253 对（男性 82 对，女性 171 对），占涉外婚姻的 61%，2005 年至 2010 年 4 月，中缅边境地区跨境通婚 2038 对，占涉外婚姻总数的 97.8%。

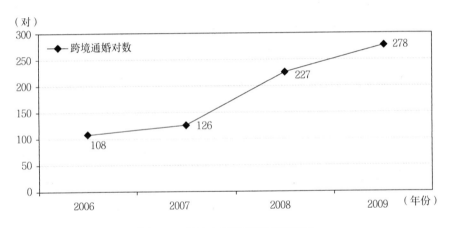

图 2-1　临沧市跨境通婚变化趋势

资料来源：http：//www.sohu.com/a/278475729_771479。

（2）跨境通婚地域结构由线形向面形席卷，地理通婚圈逐渐扩大。云南边境地区跨境通婚以中缅边境沿线乡镇为中轴线，并表现为由边境乡镇向内陆乡镇扩展甚至向内陆中东部地区扩展的趋势。以临沧市为例，在"边三县"边民跨境通婚对数逐年增多的同时，临沧内地县（区）与

---

① 资料来源：http：//www.o883.cn/news/Info.asp？ID＝2170。

缅甸边民跨境通婚人数也日益增多，如凤庆县、双江县和云县等内地县区跨境通婚日益突出，2006 年办理 21 对，2007 年办理 63 对，2008 年办理 123 对，2009 年办理 160 对，2010 年仅上半年就办理 152 对，边民跨境通婚正从边境沿线逐步向内陆席卷。在临沧三个边境县边民涉外婚姻逐年增多的同时，临沧内地五县（区）与缅甸边民通婚人数也日益增多。文山州的情形也差不多，截至 2012 年 7 月，未依法登记而滞留境内与我国边民通婚的越南妇女达 3251 人，文山七县一市均有分布，其中以文山的"边三县"人数最多，马关 1368 人，麻栗坡 1243 人，富宁 421 人，文山"边三县"一线是非法跨境婚姻的主轴线，此外其他县也有一定数量的非法跨境婚姻分布。由于我国边境地区多为经济贫困区，很多漂亮的邻国外籍妇女就把中国内地的省区作为出嫁的首选之地，近年来不少缅甸新娘嫁到河南、安徽等中部和东部地区。

传统的边境地区跨境通婚地理范围一般在边界线两侧 60 千米以内。可是，从近年边境地区的地理通婚圈的变化趋势来看，范围在逐渐扩大，跨境通婚已经不再局限于边境县的两侧，而是延伸到边境省的其他内陆县区甚至内陆省份。河南、安徽、湖北、湖南等省最近几年娶越南妻子的人数在增多。如河南省林州市临淇镇，2008~2013 年陆续娶来了 23 位越南妻子，这些跨国婚姻多是因临淇镇男青年外出越南打工而建立的。截至 2012 年 10 月，湖北省红安县共有越南籍妻子 83 人，其中，华河镇就达到了 73 人。①自 2008 年以来，云南边境地区的跨境婚姻相当普遍，几乎涉及所有的边境县市，云南 8 个边境州市几乎都有跨境通婚的现象，而且跨境通婚均以入境通婚为主，大多属于事实婚姻，很少办理结婚证，未办证率特别高（见表 2-1）。云南边境地区跨境婚姻管理难度特别大，目前在部分边境州市已经建立起比较完善的跨境婚姻管理系统，比较有代表性的是西双版纳州的电子化管理和德宏州的边民结婚登记系统，在跨境婚姻登记管理中做出了重要的贡献。其他边境州市可以借鉴一下这些成功的方法。

---

① 资料来源：http://www.ce.cn/xwzx/shgj/gdxw/201301/24/t20130124_24060215.shtml。

表 2-1　2008~2016 年云南边境地区跨境通婚的空间分布情况

地区	跨境通婚数量	统计时间	跨境通婚的空间分布
德宏州	入境通婚：13422 人	截至 2011 年 4 月	主要来自缅甸
	出境通婚：462 人		
保山市	入境通婚：3798 人，其中未办理结婚证 3690 对	截至 2009 年	分布全市 5 县（区）70 个乡镇
临沧市	入境通婚：3888 人，其中未办理结婚证 2283 对	截至 2009 年	分布"边三县"2605 对，其他 5 县（区）1283 对
西双版纳州	入境通婚：1495 人	截至 2008 年 8 月	来自老挝 706 人，缅甸 789 人
红河州	边民通婚共 2310 人	截至 2016 年 12 月	分布在金平县 1455 人，绿春县 123 人，河口县 732 人；来自越南 2306 人，缅甸 2 人，其他国家和无国籍 2 人
文山州	麻栗坡 779 人 马关县 1386 人 富宁县 414 人 合计 2579 人	截至 2010 年 9 月 截至 2011 年 1 月 截至 2009 年 11 月	除了"边三县"以外，涉及 7 个县 30 个乡镇
怒江州	1106 人（据不完全统计）	截至 2012 年 4 月	全州 4 县均有分布
普洱市	边民通婚 286 人，涉外婚姻 36 人，非法通婚/同居 1452 人	仅 2011 年	—

资料来源：红河州数据来自笔者 2016 年 12 月在红河州民政局的调研（其中未办理婚姻登记的数据为民政局内部保密资料，因此没有统计在内）；其他州市来自：董建中. 云南边境民族地区跨境婚姻问题研究[J]. 西南民族大学学报（人文社会科学版），2013（5）：38-43.

云南边境地区与缅甸、老挝和越南接壤，受多种因素的影响，导致该地区跨境通婚一直较为突出，其地理空间分布较为广泛，几乎在全省（区）都有分布，只是边境县市与内地县市的分布密度有所不同。跨境通婚的空间分布不论在云南还是广西都出现了一个共同的特点：主要集中在边境县区的村落之中，而且跨境通婚密度由边境县区向内地县区递减。据有关部门的不完全统计，2010 年，云南边境地区（8 个边境州市）的跨境婚姻分布如下：怒江州 397 户，保山市 3690 户，德宏州 1792 户，临沧地区 1281 户，普洱市 667 户，西双版纳州 1790 户，红河州 928 户，文山州 1187 户。[①] 边境地区跨境通婚人口均在 10% 以上，从最基本的村落生活社区来看就一目了然，文山州富宁县天蓬镇庙坝村委会打腮村落社区距离中越界碑只有 1.5 千米左右，与越南河江省庙旺县兰龙社兰龙街只有 3 千米远，两个村落的居民日常交往频繁，关系友好，跨境通婚现象非常普遍，全村只有 138 人（男性人口 84 人），其中有 12 人与越南女性结婚，占全村总人口的比例为 8.7%（占男性总人口的 14.28%）。其他边境村落的情况也差不多，距离越南同文县同文社马路村、岩脚村不到 2千米的村龙哈村委会牛棚村全村 60 多户共 259 人（男性人口 164 人），有 17 人与越南妇女通婚，跨境通婚人口占总人口的比例为 6.6%（占男性总人口的 10.36%）（见图 2-2）。[②]

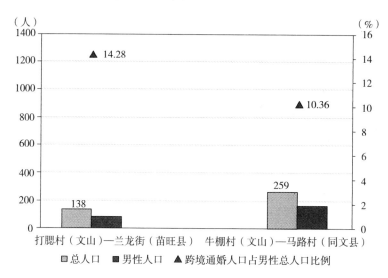

图 2-2　中越边境地区—边境村落跨境通婚案例分析

资料来源：笔者在国家社会科学基金西部项目《中越边境非法跨境通婚对人口安全影响研究》调研过程中收集整理。

①　杨国才，施玉桥. 边境跨国婚姻的研究与展望[J]. 北方民族大学学报（哲学社会科学版），2015，123（3）：118-125.

②　华袁媛. 滇越边民跨境通婚的现状、影响及对策[J]. 文山学院学报，2015，28（1）：39-44.

广西壮族自治区的跨境通婚高达 4 万多人，主要分布在那坡县、靖西县、龙州县、宁明县、大新县、凭祥市、防城区和东兴市 8 个边境县地区，边境村的跨境通婚情况和云南差不多，如大新县隘江村与越南高平省下琅县里国社板当屯相邻，1989~2005 年与越南妇女结婚的跨境婚姻家庭有 28 户，占该村总家庭户数（227 户）的 12.3%。①

除以上三个边境村落外，其他边境地区的基本情况也大致相似。总体上，每 10 个男性人口中就有 1 个是跨境通婚，跨境通婚人数占总人口的比例在 10% 左右。据此可以推断，如果排除与择偶行为无关紧要的老年人、少年和儿童，仅考虑适婚男性人口，那么跨境通婚的比例就更高。在他们的生活场域中，跨境通婚已经成为一种稳定的择偶模式。

（3）婚姻迁入人口性别结构严重失衡，外籍女性远远多于外籍男性。婚姻迁入人口是指因为结婚而导致的迁入人口。从迁入人口的视角来看，女性婚姻迁入人口比例远远高于男性。统计数据显示：2004~2009 年，澜沧县登记在册的 126 对跨境通婚边民中，男方为缅甸籍的有 9 对，占 7.14%，女方为缅甸籍的为 117 对，占 92.86%；西盟县 2010 年边民跨境通婚共有 793 对，其中女方为中国籍的 725 人，男方为缅甸籍的 68 人。② 德宏州跨境通婚涉及外籍入境人员 8167 人，其中女性 7793 人，比例高达 95%。由此可见，因婚姻迁入中国的缅甸女性远远多于男性，婚姻迁入人口的性别结构明显不均衡。

（4）婚姻迁入人口的年龄较轻，六至七成左右在 30 岁以下。以德宏州为例，到 2011 年 7 月，全州办理《边民入境通婚备案登记证》的通婚缅籍边民 7996 人，其中 30 岁以下 5190 人（占总数的 64.9%），30~40 岁 2722 人（占总数的 34%），40 岁以上共 84 人（占总数的 1.1%），其他县的边民跨境通婚也以 30 岁以下的群体为主。如西双版纳傣族自治州

---

① 龙耀，罗柳宁．例论中越边境地区跨国婚姻子女的政治社会化[J].广西民族研究，2007，90（4）：58-67.
② 赵淑娟．边民跨境通婚状况调查——以云南中缅边境为例[J].楚雄师范学院学报，2011（10）：89-96.

在统计跨境通婚移民的年龄构成时也发现类似的特征，跨境通婚移民在
18~21 岁的有 378 人，占比 25.2%，22~30 岁的有 697 人，占比 46.7%，
31~40 岁的有 287 人，占比 19.2%，41 岁以上的有 133 人，占比 8.9%[①]，
如图 2-3 所示。

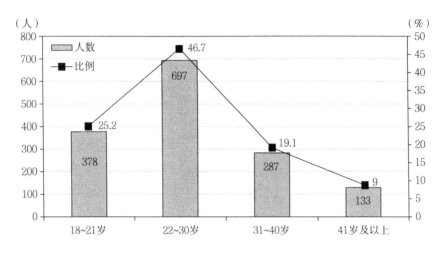

图 2-3　西双版纳婚姻移民的年龄构成

（5）婚姻迁入人口合法权益得不到保障，进而产生了一系列的问题。
首先，户籍制度的障碍。临沧镇康县 2704 对跨境边民婚姻家庭中只有 34
人已经落户。外籍配偶由于缺乏合法身份证明被视为"三非"（非法入
境、非法居留、非法结婚）人员，难以享受国家和当地政府给予的惠民
政策，出行极为不便，务工概率极低。其次，跨境通婚的子女教育隔阂
现象比较明显。因为父母没有户口，导致孩子无法在国内正常入学、就
业和享受医疗服务，有些家庭交不出借读费，不得已将子女送到邻国接
受教育。将非法跨境通婚子女进行强制遣返，很容易造成边民对党委、
政府和公安机关的抵触情绪，从而影响边防稳固。此外，大量的非法跨

① 第 89 号关于规范边民通婚问题的建议［EB/OL］. 西双版纳人大网，http：//www.
xsbn. gov. cn/legalbill/overture/origin/yla/201012/16702. html.

境通婚导致边境地区诈婚、骗婚、抢婚、买卖婚姻时有发生，甚至发展为拐卖邻国妇女、强迫女性从事性服务等各种违法犯罪活动。

值得注意的是，跨境通婚者携带的艾滋病病毒与疾病预防控制比较困难。云南境外是一些传染性疾病的高发性地带，又是世界著名的毒品基地与艾滋病重灾区，主要的传染性疾病有疟疾、伤寒、肝炎、登革热、肺结核、淋病等。这些疾病随着跨境通婚的发生不同程度地传入我国，给我国的疾病预防控制带来一定风险和负担。尤其对预防艾滋病工作影响较大，云南到目前为止已累计查出艾滋病患者 8 万多人，边境地区艾滋病患者远远高于内地，这与边民跨境通婚有较大关系，一些边境县市的疾控中心和防艾部门对入境通婚人员进行检查监测，其 HIV 感染率均大大高于中国的平均水平，同时，由于涉外婚姻男女双方文化素质普遍偏低，缺乏防治和保护意识，母婴阻断、抗病毒药物治疗等防治措施难以实施，防控形势十分严峻。① 云南跨境非法婚姻的缅方妇女大部分来自缅甸艾滋病的重灾区，非法入境，也未经卫生防疫部门的健康检测，性传染疾病的防控形势十分严峻，对边境地区的人口素质带来巨大的安全隐患。2014 年云南省临沧市耿马县的跨国婚姻人员抽样检测数据显示，HIV 为阳性的比例高达 6%。据报道，2014 年广西某家人娶了一个越南新娘回来，但是事先不知道这个越南新娘有艾滋病，最后导致全家六个人都感染了艾滋病，带来了严重的婚姻家庭风险。

此外，外籍配偶的整体教育文化素质比较低。云南边境地区涉外婚姻对象大多以小学、初中文化程度为主，约占 90%；越方女青年则 80% 左右为文盲，15% 左右为小学文化程度，初中毕业的不到 5%，目前登记在册的还没有高中及其以上文化程度者。中方男青年多是小学或初中毕业后到越南务工、经商、探亲、访友或经媒人、熟人介绍，娶越南女子为妻。最突出的是文山市、耿马县和河口县。由于文化水平非常低，结

① 董建中. 云南边境民族地区跨境婚姻问题研究[J]. 西南民族大学学报（人文社会科学版），2013（5）：38-43.

婚生育后根本没办法很好地辅导孩子，而且大多数家庭的生活水平低于当地居民的平均生活水平，很多孩子因为贫困失学，很多跨境通婚的孩子往往小学都没有毕业就辍学在家，严重影响边境地区的人口素质。

（6）结婚登记率低，多为事实婚姻。根据 2012 年精简后的《中国边民与毗邻国边民婚姻登记办法》的规定，边民办理婚姻登记的机关是边境地区县级人民政府民政部门；办理结婚登记的毗邻国家边民应当出具的材料包括两类：能够证明本人边民身份的有效护照、国际旅行证件或者边境地区出入境通行证件；所在国公证机构或者有权机关出具的、经中华人民共和国驻该国使（领）馆认证或者该国驻华使（领）馆认证的本人无配偶的证明，或者所在国驻华使（领）馆出具的本人无配偶的证明，或者由毗邻国家边境地区与中国乡（镇）人民政府同级的政府出具的本人无配偶证明。但在实际执行过程中，由于涉外结婚登记门槛较高、手续较多、难度较大，导致结婚登记办证率非常低。我们对调查资料分析发现，边境地区跨境通婚办理结婚登记的比例非常低。截至 2014 年底，临沧市边民跨境通婚 3888 对，依法办理结婚登记手续的只有 1605 对，未办理的 2283 对，办证率只达到 41%。再如，西双版纳州景洪市 505 对跨境通婚的夫妻中，依法办理结婚证的只有 123 对，办证率更低（24.35%）。据云南省西盟佤族自治县边防大队介绍，在西盟县辖区近年来已经清理了 225 名非法跨境通婚的缅籍妇女，没有小孩的妇女被列入了遣返对象，但最后能够遣返的只有 52 人，因为大部分缅籍妇女在中国已经生儿育女，跨国婚姻在边境一带增多，造成近年来户籍管理上的混乱。跨境通婚的登记率低，首先不利于人口管理，其次也不利于这些事实婚姻家庭的稳定。

造成边民通婚登记率低下的原因主要有：第一，在 2012 年 10 月 1 日前，按照 1995 年 2 月 17 日民政部发布的《中国与毗邻国边民婚姻登记管理试行办法》的规定，我国与毗邻国家就双方国家边境地区和边民范围达成有关协议的才适合本办法，而我国与越南并未达成有关协议，省级也未授权县市一级办理，所以一直以来，涉边的三个县市办理边民通婚结婚登记有一定难度，基本上不予办理。边民申请结婚登记必须持有相关的有效证明和身份证件，到州级以上婚姻登记机关办理结婚登记手续，《婚姻状况证明书》必须由政府授权单位（如公安、民政等部门）出具并要到我国驻越大使馆或越方驻我国大使馆或领事馆认证后才生效，办理起来手续较为烦琐且越方收费昂贵。第二，2012年10月1日《中国边民与毗邻国边民婚姻登记办法》施行后，虽然明确授权到县一级婚姻登记机构办理边民婚姻登记，但同样需要我国与毗邻国家就双方国家边境地区和边民范围达成有关协议的才适合本办法，我方对边民的界定已经非常清晰，也就是指"中国与毗邻国边界线两侧县级行政区域内有当地常住户口的中国公民和外国人"，但越南与我国接壤的县级行政区域没有明确界定，导致县级婚姻登记机构在对边民通婚登记时担心超越权限而不敢办理。第三，边民受教育程度低，法律意识淡薄，自我保护观念缺乏，注重结婚仪式而不注重依法登记。这些问题在一定程度上影响了边民通婚办理结婚登记率。

（7）早婚现象突出，超生问题严重。《中华人民共和国婚姻法》规定，办理结婚登记的男女双方年龄须分别达到22周岁和20周岁（自治县男女法定结婚年龄分别为20周岁和18周岁）方可给予办理，但调查显示，许多外籍配偶与我方边民结婚时不足18周岁，相当一部分人没达到我国法定结婚年龄，跨国躲生、逃生、超生、早育等现象较多，极大地影响了边境地区计划生育政策的执行。如西双版纳傣族自治州勐腊县，截至2008年9月，发现早婚14对，生育两个孩子的303人，生育3个孩子的41人，这给计划生育和户籍管理工作带来很大困难。同时，早婚附带的早育缩短了代际更替的周期，加快了边境地区的人口自然增长率，人口快速增长加剧了本已突出的人地矛盾。

由于边民通婚登记率低下，通婚后又几乎都在中国境内定居生活、生儿育女，外籍公民自身及其儿女没有办理合法的居住手续，成为"黑人黑户"，由此带来了计划生育问题。因为通婚边民的婚姻是非法的，对其生育子女，计生部门不能按我国政策规定发放《准生证》，有些还超计划生育，计生部门难以按法规进行处罚，影响了我国计划生育政策的贯彻执行。

（8）跨境婚姻移民大多属于"无国籍"女性。在我国云南边境地区，主要存在着两种形式的婚姻关系：一种是中国公民与中国公民之间的内部组合关系，另一种是中国公民与邻边国家公民或其他外国人之间的外部跨境跨国婚姻组合关系。中国边民的跨境通婚属于跨国婚姻，这种婚姻关系是超越了国界线及不同国家的公民之间所结成的跨国的婚姻关系。在云南边境地区，大多属于少数民族聚居地区，云南边境少数民族边民跨境通婚当事人拥有不同的国籍。按照国际惯例，跨国结婚以后入境长期居留，应当及时办理相应的消除原国籍和申请新国籍的手续，可是我们课题组在云南边境地区的跨境婚姻家庭中的调查中发现，云南边境地区的少数民族跨境通婚中，嫁入中国边境地区的女性从未办理相应的新国籍的申请手续，因此没有取得婚姻迁入国（中国）的国籍，但实际上这些跨境婚姻移民已经在中国境内生活了很长时间，有的长达几十年，原国籍（主要是越南、缅甸、老挝）在她们离开一段时间后就被取消了，因此成了"无国籍"女性。这一无国籍跨境婚姻女性群体随着边境地区跨境婚姻的增多在不断增加，她们成了云南边境沿线真正意义上的"黑人黑户"，处于一种"新入境国家融不下、原国家回不去"的尴尬境地。据笔者调查发现，有的女性回娘家因为没有合法的身份证明，到了边境地区反而被自己国家执法人员当作外国人非法入境抓起来暴打一顿，可能带来生命健康安全威胁，因此亟须将这一部分群体的身份明确化，以维护她们的合法权益。

中越两国的跨境民族总体上可归纳为两大类型：从迁移路径来看分为两个方面，一是在中国与越南之间相互迁出迁入，没有任何的中转国家过渡；二是依赖中转国家完成迁移，而此类的迁移主要是中国→老扯→越南的一个单向迁移。从民族的本源性来看，主要是指土著民族。①中越边境又分为滇越段和桂越段，这两个边境地段的情况大致相同，但又有所不同，仅从跨境民族的数量上来说，前者就比后者多。在广西境内，主要的跨境民族有壮族、京族、苗族、彝族、瑶族、汉族，而在越南境内称之为岱族、侬族、山斋族、艾族、赫蒙族（苗族）、倮倮族、瑶族、巴天族、山由族、华族②，出现民族与国家不重合、民族与国家分离的现象：本属一个国家的民族，散落在不同的国家，出现多个民族跨境而居。在历史上云南的壮族与越南的岱族、侬族有着相同的族源，在后来的发展中不断延伸出不同的支系，同时由于国家疆域划分的"政治阻隔"，分布在不同的国家，导致他们在国家意识形态方面有所不同，但他们存在着"天然的"联系，双边交流一直持续。

（9）经济发展水平梯度差异明显。婚姻的形成在一定的时间和空间内受各方面条件的影响，如家庭经济能力、受教育程度等。③ 人们在选择配偶的时候，经济因素从来都是处于重要的位置。④ 在目前我国婚恋的大环境中，普遍认为婚姻双方择偶时，男方的条件要优于女方或者基本持平，经济因素在婚姻中的地位越来越重要。首先是国内的区域差异对边境地区女性形成推力。位于中国西南边疆地区的富宁县相对于内地或沿海地区经济发展落后一些，大部分青年人都转向发达城市或沿海地区打工，并且一些年轻女性受到收入提高和思想观念的影响，更愿意留在外地生活，造成了本地大量的适龄男性青年难以解决婚姻问题；嫁入中国的越南女性，其家庭条件相对贫困，居住环境差，交通设施缺乏，经济发展落后。其次是中越经济差异对越南女性的拉力。富宁县与毗邻的越南苗旺县相比，改革开放实施得比较早，经济发展水平相对较高，边民的生产和生活环境较好。随着中国市场经济的不断发展，边境地区群众

---

① 吕余生．中越壮侬岱泰族群文化比较研究[M]．北京：社会科学文献出版社，2015：7．
② 范宏贵等．中越跨境民族研究[M]．北京：社会科学文献出版社，2015：17．
③ 钟庆才，姚永容．人口科学新编[M]．中国人口出版社·汕头大学出版社，2009：504．
④ 梁青岭．现代婚姻社会学[M]．北京：社会科学文献出版社，2009：96．

生活水平不断提升，特别是自 2008 年以来，国家每年向沿边定居群众（居住地距边境线 1 千米范围内群众）发放户均 1000 元的一次性生活补助，且村民大部分享受农村低保，加之实施"兴边富民"和"整村推进"项目建设，边境地区基础设施建设、产业培育、社会保障等经济社会发展加快，生产生活条件相对比越南优越，贫困落后的越北地区女青年十分向往中国的生活，愿意嫁入我国边境地区生活。很多越南女青年为了更好地满足物质需求，追求更好的生活条件，非常愿意嫁给中国边民为妻，可是边民结婚登记需要的材料和办理手续复杂，而且边民的法律意识薄弱，因此造成许多边民忽视法律法规政策，产生了大量的非法跨境婚姻家庭。

由于中越地理位置特殊、生活习俗相近、语言文化相通等原因，文山州边境一带的少数民族与越南边民世代都有相互通婚的习俗。长期以来，中越双方逐渐形成了通婚互市的社会现象。而且，随着中国经济社会的快速发展和改革开放步伐的不断加快，文山州境内边民与越南边民通婚人数逐年增多，但因中国与邻国涉外婚姻法律在政策上存在较大的差异，以及边民依法登记结婚生育意识非常淡薄，因此跨境通婚边民大部分没有办理合法的婚姻登记手续，而是以事实婚姻家庭长期居住在中国境内，因此造成婚姻合法性取得难、社会权益保障难、计划生育管理难、疾病预防控制难等诸多社会经济问题和人口安全问题。

在中国结婚的越南女性大多数没有按正常程序领取结婚证，在边境地区属于"黑人黑户"，从而造成越南妻子在家庭与社会中的地位低下。[1] 同时，大部分的中越跨境婚姻双方不仅在婚姻中处于不利地位，甚至成为社会上的弱势群体，需要寻求非制度的力量（如村民的认同、丈夫要爱护妻子、妻子要孝敬老人等）来加强对婚姻家庭的保护，[2] 而越南女性

---

①　刘计峰.中越边境跨国婚姻研究述评[J].西北人口，2011（6）：64-68.

②　陈讯.资源互补、婚俗类同与结构性力量保护下的中越边境跨国婚姻研究——以广西崇左市 G 村为例[J].云南行政学院学报，2017（4）：5-11.

比中国男性面临着更多的实际困难，比如出行问题与社会保障问题等，越南女性无力改变她们在婚姻中的劣势地位。

　　长期以来，云南边境地区文山州富宁县的涉外婚姻已成为一种社会常态而持续存在，而且由于这种婚姻的跨境性、非法性等特征带来的各种显性和隐性的社会风险问题不容忽视。如果这些问题迟迟得不到解决，将会影响边境地区的社会稳定乃至国家安全。一是中越跨境婚姻中绝大多数都属于非法的"事实婚姻"，这种不合法的婚姻家庭面临着多种社会问题，比如不利于家庭生活质量的改善、子女接受教育、外出就业、社会保障等。如果微观层面的实际生活问题不能妥善处理，日积月累将会上升为边境地区的社会安全与发展问题。二是跨境婚姻的存量与增量的关系问题。由于各种原因，中越跨境婚姻在历史上就存在，除了中越关系恶化时期，两国边民的跨境联姻从来就没有中断过，一方面有大量的婚姻存量，另一方面近年来又出现了大量的新增跨境婚姻群体，婚姻增量没有得到适当的控制，造成跨境婚姻中的"外籍新娘"没有户口和身份证，身份得不到认同，成为边境村落的"黑人黑户"，边境地区的很多惠民政策覆盖不到外籍越南妻子，相应的权益也得不到保障，造成了事实上的不平等，导致跨境通婚家庭持续发展的能力弱，还有可能形成新的社会贫困群体，增加了扶贫和发展的难度。由于跨境婚姻缺乏婚前检查，增加了境外艾滋病传入我国境内的危险，加大了艾滋病防范控制的难度和治理成本。另外，当前的跨境婚姻已经不再是民间自发的联姻行为，而是逐渐发展成一种婚姻经济组织，很多跨境婚姻表面上看起来是两个人的结合，其背后其实隐藏着一个严密的组织，形成了跨境婚姻链和跨境婚姻网络组织，为婚姻诈骗提供了机会，一些不法分子到越南物色妇女嫁给我国境内大龄未婚男性，结婚后又设法逃回，从中骗取钱财。同时，跨境婚姻引发的拐卖和抢夺越南妇女等人口犯罪的现象也时有发生，这不仅增加了打击犯罪活动的成本，而且损害了我国的国家形象。三是由于中越跨境通婚多为跨境民族，而跨境民族不存在语言和宗教信仰的障碍，客观上为境外敌对势力进行"宗教渗透"及破坏民族团结提供了社会环境。"越南新娘"或多或少地被政府利用，成为越南向外扩展影响的工具，中越边境地区的"越南新娘"及近年来不断增加的越南非法劳工成为我国边境安全的潜在风险。跨境婚姻，不论从微观的家庭层面来看，还是从宏观的区域和国家层面来看，都存在不少的问题，这些问题主要表现在以下几个方面：

一是大量非法跨境婚姻的存在不利于婚姻登记管理。《中国边民与毗邻国边民婚姻登记办法》第五条规定，中国边民与毗邻国边民在我国境内缔结婚姻的，男女双方应一同到达我国边民常住户籍所在地机关办理结婚登记手续。《中国边民与毗邻国边民婚姻登记办法》第六条第二款规定，对于毗邻国边民办理结婚登记应具备的材料证明：能证明边民身份的有效护照、出入境通行证或国际旅行证件等；边民所在国的有权机关证明或公证机构、通过我国驻该国使馆认证或毗邻国驻华使馆证明边民本人无配偶，或所在国驻华使馆证明本人无配偶的，或由毗邻国边境地区与中国乡或镇人民政府同级的政府出具的本人无配偶证明。但实际情况是，邻国越南边境的边民们不仅没有能够证明本人边民身份的有效护照、国际旅行证件或者边境地区出入境通行证件，而且想要获得越南公证机构或者有权机关出具的或该国驻华使（领）馆认证的本人无配偶的证明，或者所在国驻华使（领）馆出具的本人无配偶的证明，或者由越南边境地区与中国乡或镇人民政府同级的政府出具的本人无配偶证明，基本上是困难重重。越南地方政府为了防止人口流失，提高手续费或者采取其他方式不给想出境结婚的边民提供相应的关键证明。

富宁县与越南苗旺县接壤的地区多为贫困山区，随着全国经济的快速发展，农村的女青年都外出打工，在收入水平、眼界、视野和思想观念上也发生了翻天覆地的变化。女青年都不愿意返回自己的家乡成婚，而是嫁入外地，造成了适龄男女比例严重失调。高龄的男青年就会选择与其历史、地理环境和习惯风俗相近的越南妇女成婚。但是由于办理跨境婚姻的程序非常复杂，需要的材料非常多，且对于原本就贫穷的家庭而言材料费贵，无法支付，从而不能办理相关的婚姻登记而是举办简单的婚礼。近年来富宁县的经济发展比较快，正在大力发展草果、核桃、杉木等种植以及生猪养殖、肉牛圈养和放养、家禽饲养，不断培育和壮大种养殖业，采取有效措施扶持种养殖业大户，发展科技培训，不断完善基础设施，国家也出台政策进行扶持。中国富宁县边民的生活环境和水平在不断地上升，国内社会环境稳定，边防安全，许多越南女性都愿意进入我国境内安家，入境通婚的人数也在不断增加，但是事实婚姻的问题十分明显。富宁县边民通婚的调查数据显示，在边民跨境婚姻312户中，仅有1户为事实婚姻，而其他的则都为非法跨境婚姻，大量非法跨境婚姻的存在不利于人口的登记管理。

二是越南女性人员落户困难，权益无法得到保障。在非法跨境婚姻中，越南女性人员因为一些客观的因素无法取得相应的关键证件证明自己的身份，基本上不能与我国边民进行婚姻登记，所以无法取得中国国籍。同时根据越南相关法律规定，本国女性人员要与他国人员结婚如不按照本国法律程序办事，在三个月以后将会丧失越南的本国国籍。而大部分的越南女性人员因为离开本国，又未取得中国国籍，成为无国籍的"黑人"或"黑户"，给她们的生活带来了极大的困难，权益无法得到保障。许多跨境婚姻的女性选择嫁入中国是因为中国经济发展稳定和富裕，但也因为越南女性人员本身受教育程度低、素质低，双方的生活方式、宗教信仰、思想观念、语言及环境等方面都存在差异，本身的适应能力弱，缺乏生存技能，与理想中的生活相去甚远，婚姻关系不受法律保护，家庭内部矛盾突出，家庭脆弱，进而出现越南女性人员向经济条件良好的其他地方外嫁的现象，甚至出现了骗婚犯罪问题。

三是家庭矛盾明显。因在跨境婚姻家庭中越南女性基本上都是"黑人"或"黑户"，无法进行婚姻登记，而她们的子女多为非婚生子女，部分子女难以落户，因此出现了"黑子女"。"黑子女"的家庭经济功能、教育功能及心理安全功能无法正常发挥。他们因难以落户，容易被同龄群体歧视、排斥及边缘化，无法像正常的孩子一样取得正规入学资格和享受十二年义务教育，没有资格享有就业培训、社会医疗保险服务及社会保障服务等。因跨境婚姻中的一方大部分为非法入境，医疗卫生部门没有对其进行相关的婚前健康体检，加大了我国预防疾病的难度。由于这些跨境婚姻的家庭本身就比较贫困，加上没有享受到相应的教育、劳动及政治权利等基本宪法权利，限制了其子女的发展空间，加剧了原本就贫穷的家庭，形成了二代贫困家庭，甚至会诱发一些子女走上犯罪的道路。

四是农村家庭法律意识相对薄弱。多数人明知边境边民的通婚办理手续复杂、难度大，买卖婚姻是违法行为，但仍然我行我素，对社会秩序的稳定造成了威胁。非法的跨境婚姻其子女也是违法生育的，因为办理跨境婚姻的手续比较麻烦，外籍媳妇的户口问题难以解决，对子女上学、就医、就业及社会保障服务产生了不利影响。我国《人口和计划生育法》针对跨境婚姻家庭的非法生育进行处罚，但跨境婚姻家庭基本是困难或贫困家庭，社会抚养费用征收难度大。

五是大量的非法跨境婚姻的存在严重影响了边境地区治安问题。因非婚生子女无法享受正常的教育、就业及就医服务等，受到社会歧视和被社会抛弃，一些非婚生子女可能诱发出犯罪的心理，导致他们出现如下报复行为：对艾滋病、传染病进行大范围的传播；出现吸毒、贩毒、买卖婚姻、贩卖人口、骗婚等犯罪行为。这无形中加大了我国对边境地区的社会管理难度，不利于我国边境地区的社会稳定。此外，非法跨境婚姻也为人贩子拐卖妇女提供了犯罪的机会，由于婚嫁市场的需求和边境地区政府部门对跨境婚姻管理松懈，让一部分犯罪分子有机可乘。有的人贩子直接拐卖越南妇女到我国边境地区，贩卖给国内娶不到媳妇的"光棍汉"做妻子，有的则联合越南妇女一起对我国边境的边民进行骗婚或诈婚，从中获取经济收益，这些不正当的婚姻行为非常不利于我国边境地区的人口管理，直接影响我国的人口安全。

（三）边民互市流动

边民互市贸易是指边境地区边民在我国陆路边境 20 千米以内，经政府批准的开放点或指定的集市上、在不超过规定的金额或数量范围内进行的商品交换活动。云南边境地区有很多边民互市点，边境贸易非常繁荣，边境贸易推动边境地区经济发展，边贸市场的发育为中越两国边民带来了巨大的经济利益，在经济利益的诱导下，形成了和平时期以边贸商贩为主的跨境流动人口。

四、中老边境地区流动人口

老挝是亚洲中南半岛的内陆国家，北邻中国，南接柬埔寨，东接越南，西北达缅甸，西南毗连泰国，2018 年总人口 696 万人，主要民族是佬族，占总人口的 50.3%，多数人信奉佛教，国土面积 23.7 万平方千米。中老边境线西起中缅老边界交汇点（澜沧江与南腊河交汇处），东至中老越边界交汇点（十层大山 1875.1 米高地），全长 710 千米。老挝与中国云南省西双版纳州勐腊县和普洱市江城县接壤。中老边境地区人口流动相对于中越、中缅边境而言比较少，这一方面是因为中老边境线比较短，但近年来也出现了大量的跨境人口流动，尤其是跨境婚姻流动。近两年，随着中国农村男青年婚恋压力增大，继越南新娘之后，老挝新娘也悄然走进人们的视野。她们通过各种途径，不远千里来到异国他乡，嫁入中国寻常百姓家。中老两国山水相连，在这条长达 710 千米的边境线上，边民人口流动频繁，中老跨国婚姻源远流长，自古以来就有两国边民相互通婚嫁娶、走亲访友、边贸互市的传统习俗。随着社会的发展、交通的便利、长期的沟通往来，特别是1986~1989年中老关系逐步开始正常化，从2000年开始，两国关系进入全面合作深入发展的时期，双方边民的跨国婚姻数量逐年上升。随着两国外交关系的好转，双边在政治、经济和文化上的联系日益密切，两国边民通婚的现象更为普遍，由此引发了众多的现实性问题和潜在性问题。

中老边境跨境人口流动以婚姻移民为主，其次是边境贸易。中老边境地区（云南一侧）的跨境婚姻主要以老挝籍边民为主，占到了90%以上，其次是缅甸籍边民，越南籍边民非常少。在这些所有边民通婚中，绝大多数都是未领取结婚证的事实婚姻和非法婚姻，占跨境通婚的80%以上，合法跨境通婚比例不足20%。总体上，中老跨境婚姻移民具有如下特征：第一，绝大多数跨境婚姻都发生在边境线的农村中，城市很少出现跨境婚姻，跨境婚姻具有鲜明的城乡差异。第二，外籍妻子的来源地主要是老挝，但因跨境结婚手续麻烦，80%以上属于非法结婚或事实婚姻。第三，从婚姻的迁移方向来看，婚入与婚出数量在不同的历史时期具有明显的不同，在中华人民共和国成立以前主要是中国女子嫁入老挝，而到了改革开放以后，随着中国经济水平逐渐提高，婚姻迁移方向发生了逆转，主要是老挝女子嫁到中国来。第四，外籍配偶的文化程度相当低，有很多外籍女性的文化程度仅为小学。第五，跨境婚姻主体民族是哈尼族和傣族（西双版纳的主要民族），跨境婚姻更多的是以跨境民族婚姻的形式存在。中老跨境婚姻与中越跨境婚姻具有一些明显的不同，老挝籍的姑娘大多是经双方自由恋爱结合在一起的，通婚半径比较小，一般是临近的村寨，而越南籍的女子虽然也有自由恋爱的婚姻，但是很多是被婚姻中介人骗过来嫁到中国内地，很多是被嫁到家庭经济情况更差的家庭中，通婚半径明显较大。

中老边境地区跨境婚姻的形成具有很深厚的历史因素，中老跨境婚姻自古以来就有。中老边境一线居住着傣族、哈尼族、瑶族、苗族等，很多村寨属于跨境村，即一个村子被划分到两个不同的国家，边民相互通婚和日常走亲访友已经习以为常。对于跨境村而言，跨境婚姻和内地的村内通婚或者邻村通婚没有本质的差别。在中华人民共和国成立以前，男娶女嫁，有进有出，而且进出相当，可是中华人民共和国成立以后情况发生了变化，女方入境通婚居多。其实，中老边民本就属于一家，历史上就存在互娶互嫁的跨境通婚现象。

五、云南边境地区跨境流动人口

云南位于中国西南边疆，地理区位特殊，与缅甸、老挝和越南三国接壤，并与泰国、柬埔寨、印度、孟加拉国等国家相邻。改革开放以来，随着社会经济的快速发展，以及和周边国家联系不断加强，云南边境地区流动人口日益活跃，流动人口规模空前增大，主要呈现出以下几个方面的特征：

（一）云南边境地区人口对流特征明显

在人口流动方向上对流特征比较明显。云南边境地区的流动人口从古至今都呈现出双向流动的特征，既有中方人口向境外流出，也有境外人员流入中国境内。《云南统计年鉴（2013）》的统计数据显示，出境人数 1175.61 万人次，出境人数与入境人数规模相当，对流特征比较明显。边境地区由于地理位置毗邻，历史文化根基相似，导致边民的社会互动频繁，社会交往活动活跃，因此人口流动具有明显的双向性特征。也就是说，云南边境地区除了邻国或第三国人员的非法入境、非法居留、非法就业与云南跨境民族地区的非法跨境流动，云南边境民族地区的人员或国内其他地区的人员也存在向云南邻接的三个国家非法流动的现象，这些人员也以非法入境、非法居留、非法就业的方式活动于云南边境民族地区的邻接国家。如近年来，中国部分民工在不法商人的雇用下，逃避边防检查，绕关避卡，非法出境到缅甸运输木材、开采矿石，违反了缅甸法律，引起了缅甸政府的不满，多次派出军警进行抓捕和驱赶。依据云南省公安厅提供的资料，为遵守中缅两国的法律和条约协定，中央和云南省委、省政府高度重视我国公民非法出境赴缅伐木、采矿务工问题，多次做出重要批示，要求加强边境管理，劝阻中国公民非法出境赴缅伐木、采矿。同时，尽力解救中国被扣公民，维护中国公民的合法权益。

（二）人数众多、流动量大

无论是每年近 1000 万人次的出入境人口流动量，还是相互滞留对方境内达数万人的流动人口规模，都是一组可观的数字，从而在中国沿边各省区中名列前茅。以瑞丽为例，瑞丽市位于云南省的西南部，隶属于德宏州，土地总面积为 1020 平方千米，其东南、西南、西北三面与缅甸山水相连，有国境线 169.8 千米，界碑 60 多座，渡口 28 个，陆地上有无数个自然通道连接两个国家，拥有瑞丽、畹町两个国家级口岸。近年来，随着云南对外开放的不断深入和经济社会的不断发展，带来了大量就业机会及劳动报酬的显著国际差异，中国国内比缅甸高出多倍的劳动报酬吸引了越来越多的缅甸边民进入中国境内从事经商、务工等经济活动，瑞丽成了一个较为明显的国际人口流动集聚区。2009 年通过德宏州出入境的外籍人员 5748271 人次，2010 年 4863954 人次，2011 年 1 月至 2012 年 6 月初，仅从瑞丽边检站出入境人员就达 1520 万人次，其中，中国籍人员 85 万人次，占 3.82%，缅甸籍人员 1435 万人次，占 94.41%，缅甸籍人员占了绝大多数。有关统计资料显示，2013 年在瑞丽市居留 7 日以上的外籍流动人口共有 35470 人。[①]

---

① 张家忠. 瑞丽市外籍流动人口的特点[J]. 湖北警官学院学报，2014，27（1）：35-36.

据《云南统计年鉴（2013）》公布的数据①，通过云南边境沿线各口岸的出入境人数达到 2326.87 万人次，约占同年全省出入境人数的 93.84%。该数据仅显示办理《边境地区居民出入境通行证》《中华人民共和国护照》的合法流动人口，如果加上各类非法跨境流动，实际人数远远高于这个数据，比改革开放以前增长了 10 倍之多，属于全国陆地边境线上 9 省区中跨境流动人口较多的省份（除广东深圳和珠海）。云南边境地区流动人口如此迅速增长，究其原因主要有两大因素：一是"大湄公河次区域经济合作"和"中国—东盟自由贸易区"等国际合作项目的推动，尤其是边境地区的经济文化交流与合作；二是边境地区中方边境口岸基础设施不断完善，监控力度不断加强，法制规范趋于完善，非法流动受到了较大限度的控制。

（三）动因复杂、形式多样

从流动的原因来看，以长期的务工经商为主。不仅有商贸类、劳务类、旅游类、探亲访友类等合法有序的跨界流动，而且有境外"三非人员"入境滞留，以及我方人员非法出境打工和偷渡逃亡等非正常的流动，且相互交织、错综复杂。跨境迁移人口的流动原因复杂多样，大致可以分为跨国务工、跨国通婚、跨国经商和其他类型四大类。从跨境流动的人数来看，最多的是跨国务工，自中国改革开放以来，随着东部沿海地区的工业和服务业迅速发展，区域经济差距日渐扩大，因此大量的西部农村地区的人口不断流向城市和经济发达的省区，云南和越南接壤，受边境地区人口外迁作用的影响，农村劳动力人口不断减少，尤其是农忙时节的农村劳动力人口急剧短缺，而越南边境劳动力人口比较富余，因此正好可以弥补中方边境的劳动力不足。

---

① 云南省统计局. 云南统计年鉴（2013）［M］. 北京：中国统计出版社，2014：174.

近年来，跨境婚姻人数逐年增加，并有向内部地区发展趋势，云南省文山州富宁县跨境婚姻越来越普遍，许多村子里有 1/3 或 1/2 以上都是越南的跨境婚姻家庭。同时，由于内地经济的快速发展、结婚成本的不断上升及适龄男女比例的严重失调，越南地区的边境边民女子不断向中国内地延伸，河南、安徽、河北等内陆省区也出现了越南妻子。中越边境地区的跨境婚姻以族内通婚和入境通婚为主，富宁县与越南的苗旺县相连仅靠一块石碑作为分界线，但因历史、地理位置环境、语言文字和风俗习惯等因素的影响，中国富宁县与越南的苗旺县边境地区的边民许多都是一个民族的，因此他们提倡本民族内通婚。由于社会及经济的发展相差悬殊，跨境婚姻是以内男外女为主的通婚，即越南边民入境通婚，主要是以越南新娘为主。通婚形式多样化：一是男女双方经过自由恋爱而结婚；二是男女双方由媒人或者亲戚朋友介绍，双方通过彼此的了解和喜欢而结婚；三是因一些功利性的目的（如出入境内外方便、降低结婚成本等原因），以实际的利益为主，没有感情的结婚；四是我国边境的男子通过在人贩子的手中购买而得的越南新娘。前两者是在一定的感情基础上进行婚姻，而后两者则更多的是缺乏必要的感情基础，家庭极度不稳定，草率成婚多，婚姻脆弱。2018 年调查中发现，边民跨境婚姻中的双方都是由媒人或亲朋好友介绍的，相互之间的了解比较少，且刚认识不久之后就草率成婚，感情基础相对薄弱。双方之间的生活环境也存在很大的差异，使婚后的双方之间的关系不和谐，家庭矛盾升级，家暴情况频发，导致越南妇女离家返回越南或是另嫁他人的情况比比皆是，而中国这些边民家庭则会支离破碎，产生大量的单亲家庭、空巢家庭及困难家庭。男女双方受教育程度低，家庭情况趋于贫穷。边境跨境婚姻中的我国男方受教育程度不高，大多是初中或小学学历，而入境通婚越南妇女也大多是文盲或半文盲的状态。因此，相结合的家庭大多数是更为贫困的家庭，缺乏相应的生产和生活技能，以超生家庭居多，孩子没有社会保障、教育环境、就业培训和医疗服务等保障和服务，造成了二代贫困的严重加剧。跨境婚姻的快速增长也潜伏着种种发展和稳定的问题，处理不当会引发和带来种种不和谐、不稳定的问题和矛盾，甚至造成国与国之间、民族与民族之间的问题和矛盾，应引起政府部门的高度重视。这些都成为近年云南边境地区的管理新问题，对社会稳定、边境管理，以及区域的发展带来不同的影响和隐患。

（四）来源广、分布散

云南边境地区的流动人口既有边境沿线两侧的各民族边民，又有邻国或其他国家的各类人员。从来源地构成来看，外籍人员来源地包括缅甸、泰国、印度、孟加拉国、巴基斯坦、尼泊尔、斯里兰卡等众多东南亚、南亚国家；中方外流人员则包括云南本省和四川、贵州、重庆、广西、浙江、江苏、湖南等20多个省区市。流入地分布趋于分散化，入境流动人口的空间分布遍及云南25个边境县区，主要差别在于人数的多少和流动的频率不一样。瑞丽口岸人数最多，接近1300万人次，其次是河口口岸，在320万人次左右，盈江口岸108万人次，镇康县南伞口岸104万人次，龙川县章凤口岸93万人次，孟连口岸64万人次，畹町口岸65万人次，勐腊县磨憨口岸64万人次，麻栗坡县天宝口岸54万人次，几乎所有的边境县区都有跨境流动人口分布。

（五）空间分布不平衡

流动人口呈现"上段冷，中下段热"的整体流动格局，即跨国流动人口的数量与活跃程度都以中缅边界中下段边境沿线较为突出，其中尤以德宏州瑞丽、畹町，西双版纳景洪、打洛，以及保山腾冲市、普洱市孟连、临沧市镇康县南伞等国家一类、二类口岸最为突出，这主要与中缅边界上段高黎贡山高大山脉的阻隔直接相关。云南边境地区跨国流动人口主要包括中缅、中老和中越三个地段，但以中缅和中越为重点区域，虽然两个地段的跨国流动人口具有一定的共性——非法性、频繁性，而且两者都以跨境婚姻迁移为主要流动形式，但随着社会经济的发展，云南边境跨国流动人口呈现出新的发展态势。

六、云南边境地区境内流动人口

流动人口是人口流动的结果，《云南省流动人口服务管理条例》中规定，"流动人口是指离开户籍所在地进入本省或在本省内跨县级以上行政管辖区域居住半年以上的公民"。云南省地处中国西南边疆，人口流动既有跨境人口流动，也有境内跨省或跨县市区的流动。边境地区的人口流动不仅关乎云南的社会经济发展，也可能会影响到边境地区的社会安全。对云南边境地区的流动人口基本特点进行分析，具有重要的现实意义和社会价值。2010年第六次全国人口普查数据显示，云南省流动人口（流入人口）总量是605.3805万人，其中省内流入人口（即调查时点居住在云南省内，而且户籍地在省内外市的人口）是481.7256万人，省外流入123.6549万人。[①] 省外流入人口主要来自四川、贵州、重庆和湖南，来自东部和西北地区的较少。从流动人口的空间分布来看，云南省跨省流入主要集中在经济比较发达的市区，昆明市的流动人口最多，为44.7万人，然后依次是红河州9.5万人，曲靖市8.36万人，西双版纳州7.14万人，昭通市6.17万人，最少的是迪庆州和怒江州，分别为2.03万人和1.6万人。省内流动人口主要集中在云南的中东部，昆明市204.663万人，曲靖市55.78万人，红河州49.4万人，玉溪市37.09万人，普洱市33.6万

---

① 国务院人口普查办公室、国家统计局和人口就业统计司.中国2010年人口普查资料[M].北京：中国统计出版社，2010.

人，省内流动人口最少的是怒江州，只有 5.66 万人。[①] 为了更加清楚地认识边境地区的流动人口基本状况，我们选取了云南省 5 个边境州市的 8 个边境县 16 个边境村进行分析，结果如表 2-2 所示。

表 2-2　云南省边境村落人口流动规模与流向　　　　　单位：人

调查地点	常住人口总数（1）	人口流出（2）	流出国内（3）	流出国外（4）
保山腾冲市猴桥镇东村	3569	68	32	36
保山腾冲市猴桥镇下街村	4776	1200	500	700
保山腾冲市明光镇顺龙村	6178	700	450	250
德宏州陇川县章凤乡迭撒村	3450	130	70	60
德宏州陇川县章凤乡拉勐村	6118	117	117	0
德宏州陇川县章凤乡芒拉村	4640	50	45	5
德宏州陇川县章凤乡芒乔村	3640	80	70	10
德宏州陇川县章凤乡章凤村	4640	220	205	15
文山州麻栗坡县八布乡哪灯村	2999	1500	1450	50
文山州马关县金厂镇金厂村	2664	58	50	8
临沧市沧源县勐省乡勐省村	7300	800	780	20
临沧市镇康县南伞镇白岩村	2183	327	300	27
临沧市耿马县四排山乡石佛洞村	2143	240	228	12
普洱市江城县曲水镇怒那村	2180	160	147	13
普洱市江城县康平镇二官寨	240	20	15	5
普洱市江城县康平镇坝卡村	410	56	53	3
合计	57130	5726	4512	1214

资料来源：罗仁娟. 云南边境地区人口跨境流出及其影响因素分析[D].云南师范大学硕士学位论文，2017.

从表 2-2 可以看出，云南省边境村人口流出现象十分明显，16 个边境村的常住人口总数为 57130 人，边境村的总流出人数为 5726 人，16 个

---

① 李应子. 云南省流动人口特点及趋势分析[J].兰州教育学院学报，2016，32（3）：33-35.

边境村落的人口平均流出率为10%，其中国内流出率为7.9%，国外流出率为2.1%。外流人口规模最大的是文山州麻栗坡县八步乡哪灯村，达到了1500人，但以流动到国内为主，为1450人，流动到国外的只有50人；普洱市江城县康平镇二官寨人口流出数量最少，只有20人。

再从云南省边境村落的人口流动率来看（见图2-4），总流出率最高的是文山州麻栗坡县八布乡哪灯村，为50.02%，全村一半的人口流出，其次是保山腾冲市猴桥镇下街村，人口流出率达到了25.13%，总体上德宏州的流出率比较低。

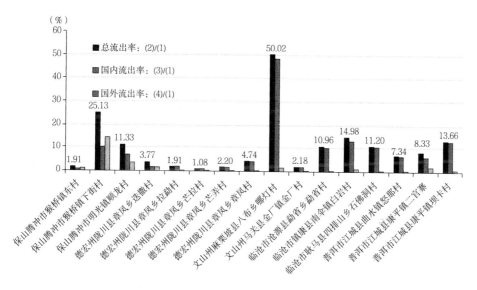

图2-4　云南省边境村落人口流动率

资料来源：罗仁娟.云南边境地区人口跨境流出及其影响因素分析［D］.云南师范大学硕士学位论文，2017.

虽然云南省的流动人口主要分布在内地县市区，云南边境县区流动人口数量不大，但是由于边境地区区域特殊，即便较少的流动人口也应该引起足够的重视。我们依据第六次全国人口普查资料进行统计分析，结果发现：云南省25个边境县市的流动人口总数为156.61万人，其中流出人口数量为 69.28 万人,流入人口 87.33 万人,流出人口占总流动人口的 43.88%,流入人口占总流动人口的 56.12%,流出人口总量少于流入人口总量,净流入人口 18 万人,属于人口净流入区,因此云南边境地区的人口呈现不断集聚的状态。① 边境地区的人口流入与流出直接涉及国家的边境安全。我们不能因为流动人口的绝对数量较少而忽视边境县区的人口流动现象。因此,本章将利用 2016 年流动人口动态监测调查数据,对云南省边境县区的流动人口的基本特征及其存在的问题进行深入的分析。

(一) 数据与方法

本章所使用的数据来自 2016 年全国流动人口卫生计生委动态监测调查数据。2016 年,国家卫计委 (2018 年 3 月已被取消,重新组建国家卫生健康委员会) 按照随机抽样的原则,在全国 31 个省 (区、市,不包括港澳台地区) 和新疆生产建设兵团流动人口较为集中的流入地开展抽样调查,调查结果在全国和各省都具有较好的区域代表性。调查对象为"截至调查时点 (2016 年 4 月),在流入地居住一个月及以上,非流入地区 (县、市) 户口的 15 周岁及以上流入人口,即 2001 年 4 月及以前出生的流入人口,但不包括流入地 (县、市、区) 的流出人口"。此次调查采取个人问卷和社区问卷相结合的方法,但本书分析仅涉及个人问卷部分,主要内容包括六项:①家庭成员基本情况;②居留和落户意愿;③流动趋势与就业特征;④基本公共卫生服务利用;⑤婚育情况与计划生育服务管理;⑥健康状况。本书是从个人问卷中选取第三部分流动与就业进行分析讨论。2016 年的流动人口动态监测调查抽样方法以 31 个省 (区、市) 和新疆生产建设兵团 2015 年全员流动人口年报数据为基本抽

---

① 罗仁娟. 云南边境地区人口跨境流出及其影响因素分析 [D]. 云南师范大学硕士学位论文, 2017.

样框，采取分层、多阶段、与规模成比例的 PPS 方法进行抽样，调查的总样本量为 16.9 万人，涉及流动人口家庭成员共计约 45 万人。如此大样本的流动人口调查数据为我们深入了解流动人口群体的基本特征提供了较好的数据基础。本章主要选取云南省的流动人口动态监测调查数据，2016 年云南省流动人口动态监测调查样本总量是 5000 人，调查范围涉及云南省的 16 个州市和 55 个县（市、区），各县（市、区）的样本量如表 2-3 所示。

表 2-3　2016 年云南省流动人口动态监测调查数据样本量分布

州（市）	县（市、区）	调查人数	百分比
保山市	腾冲市	38	0.81
	隆阳区	36	0.77
楚雄州	楚雄市	150	3.2
	大姚县	38	0.81
	禄丰县	37	0.79
大理州	大理市	75	1.6
	宾川县	37	0.79
	剑川县	38	0.81
	祥云县	38	0.81
德宏州	陇川县	38	0.81
	芒市	37	0.79
	瑞丽市	74	1.58
迪庆州	香格里拉市	37	0.79
红河州	个旧市	38	0.81
	河口县	37	0.79
	建水县	38	0.81
	开远市	75	1.6
	泸西县	38	0.81
	蒙自市	149	3.18

续表

州（市）	县（市、区）	调查人数	百分比
昆明市	呈贡区	75	1.6
	安宁市	113	2.41
	官渡区	488	10.41
	晋宁县	38	0.81
	盘龙区	299	6.38
	市辖区	113	2.41
	五华区	337	7.19
	西山区	300	6.4
	寻甸县	37	0.79
	宜良县	37	0.79
	嵩明县	38	0.81
丽江市	宁蒗县	38	0.81
	古城区	150	3.2
临沧市	沧源佤族自治县	37	0.79
	临翔区	38	0.81
	双江拉祜族佤族布朗族傣族自治县	38	0.81
	永德县	37	0.79
怒江州	福贡县	38	0.81
普洱市	思茅区	113	2.41
	宁洱县	37	0.79
	孟连县	36	0.77
	景谷傣族彝族自治县	38	0.81
曲靖市	会泽县	37	0.79
	罗平县	38	0.81
	麒麟区	150	3.2
文山州	文山市	113	2.41
	麻栗坡县	38	0.81
	广南县	37	0.79

续表

州（市）	县（市、区）	调查人数	百分比
西双版纳州	景洪市	262	5.59
	勐海县	37	0.79
	勐腊县	151	3.22
玉溪市	红塔区	151	3.22
	通海县	37	0.79
	新平县	37	0.79
	易门县	38	0.81
昭通市	巧家县	38	0.81
合计：16 州市	55 个县市区	4687	100

资料来源：国家卫生计生委流动人口服务司。

2016 年，云南全省流动人口动态监测调查数据样本量是 5000 人，由于部分样本缺失，所以只有 4687 人，全省 129 个县市区中有 55 个县市区被选入样本，其中 10 个县为边境县，共涉及流动人口数量是 786 人。本章将基于 STATA 统计软件，利用比较分析法（主要从云南边境、云南内地与全国进行比较）、描述统计和图表分析等方法对边境地区的流动人口的基本特征和发展趋势进行深入分析。

（二）云南边境地区境内流动人口基本特征

1. 性别结构

从境内流动人口的性别结构来看，边境县区的流动人口性别结构与非边境地区的性别结构差异不大，都是以男性流动人口为主，边境县区男性流动人口 433 人（占边境地区流动人口总数的 55.09%），边境地区女性流动人口 353 人（占边境地区流动人口总数的 44.91%），边境地区流动人口性别比为 122.67；云南省内地县区（非边境县区）的男性流动

人口 2081 人（占非边境地区流动人口总数的 53.35%），女性流动人口
1820 人（占非边境地区流动人口总数的 46.65%），非边境地区流动人口
性别比为 114.34。虽然云南边境地区流动人口性别比超过内地县区的流
动人口性别比，但是两者在统计上差异并不显著（P = 0.371）。这说明，
无论是边境地区还是云南省内地县市区，流动人口均以男性为主。但是
和 2016 年全国流动人口的性别结构相比（108.8），云南边境地区的流动
人口性别比明显偏高，云南边境地区的流动人口男性优势比较突出。

2. 年龄结构

青壮年劳动力人口是流动人口的主力军，人口流动具有明显的年龄
选择性，流动劳动力人口吃的是"青春饭"，一旦年龄过大将会受到严重
的就业歧视，很多企业都采用"掐尖式"的劳动力资源利用方式，就云
南省边境地区的流动人口而言，这个特征也比较明显，如图 2-4 所示。

图 2-5 中 a 图显示的是云南边境县区的流动人口年龄结构，和云南
内地县区及整个中国的流动人口一样，年龄结构较为年轻，25～29 岁是
流动人口的主要组成部分。60 岁及以上的流动人口数量急剧减少，虽然
调查样本中有一些年龄较大的流动老年人口，但其中有很大一部分属于
随迁老年人，随同子女进入城市帮忙照顾孙子/女或外孙子/女。

3. 民族结构

云南省是一个多民族聚居的省份，具有鲜明的民族特色。全国 56 个
民族中，云南就有 52 个，其中人口在 5000 人以上的民族有 26 个，除汉
族外，少数民族有 25 个，各民族分布呈大杂居、小聚居的特点。2010 年
第六次全国人口普查数据显示，云南省汉族人口为 3062.9 万人，占总人
口的 66.63%；各少数民族人口为 1533.7 万人，占总人口的 33.37%。其
中，彝族人口为 504.12 万人，哈尼族人口为 162.95 万人，白族人口为
156.49 万人，傣族人口为 122.28 万人，壮族人口为 121.52 万人，苗族

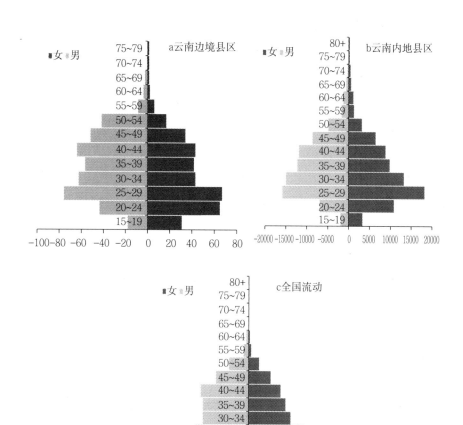

图 2-5　云南边境地区、云南内地县区与全国流动人口金字塔比较

人口为 120.27 万人，回族人口为 69.82 万人，傈僳族人口为 66.83 万人，拉祜族人口为 47.5 万人，佤族人口为 40.08 万人，纳西族人口为 30.99 万人，瑶族人口为 21.99 万人，景颇族人口为 14.29 万人，藏族人口为 14.22 万人，布朗族人口为 11.96 万人，布依族人口为 5.88 万人，普米族人口为 4.20 万人，阿昌族人口为 3.80 万人，怒族人口为 3.18 万人，基诺族人口为 2.27 万人，德昂族人口为 2.02 万人。超过 1 万人（含 1

万）不到 10 万人的民族有 9 个，分别是布依族、普米族、阿昌族、怒族、基诺族、蒙古族、德昂族、满族、水族。超过 1000 人不到 1 万人的民族有 4 个：独龙族、仡佬族、土家族、侗族。同 2000 年第五次全国人口普查相比，汉族人口增加了 242.3 万人，增长 8.59%；各少数民族人口增加了 118.4 万人，增长 8.37%。①云南省是全国少数民族种类最多的省份，云南省世居的民族有 16 个：彝族、白族、哈尼族、傣族、傈僳族、拉祜族、佤族、纳西族、景颇族、布朗族、普米族、阿昌族、怒族、基诺族、德昂族、独龙族。云南省少数民族人口大背景映射出了流动人口的民族特色。

从表 2-4 可以看出，随着人口流动地域范围逐渐由内地向边境延伸，少数民族流动人口的比例在不断攀升，相应地，汉族流动人口的比例在不断降低，而且差异非常明显。就全国而言，汉族流动人口的比例最高，达到了 91.79%，云南省流动人口中的汉族人口比例降至 81.67%，而云南省内地县市区流动人口中的汉族人口比例为 82.93%，可是边境县市区的汉族流动人口比例大大降低，只有 75.45%，相应的少数民族人口比例则增加到 1/4。由此可以看出，云南省边境地区的少数民族人口流动特征非常明显，这其中的主要原因是云南省的省内流动比较多，而云南省内流动的区域主要是少数民族人口聚居的县区。

表 2-4　云南省边境地区流动人口民族结构　　　　单位：%

民族	全国	云南省	内地县市区	边境县市区
汉族	91.79	81.67	82.93	75.45
蒙古族	0.40	0.04	0.03	0.13
满族	0.56	0.19	0.18	0.25
回族	1.99	1.66	1.87	0.64
藏族	0.75			
壮族	1.09	0.68	0.54	1.40

---

① 国家统计局，2010 年第六次人口普查数据公报。

民族	全国	云南省	内地县市区	边境县市区
维吾尔族	0.58	0.02	0.03	0.00
苗族	0.60	1.47	1.46	1.53
彝族	0.35	5.59	5.61	5.47
土家族	0.52	0.11	0.10	0.13
布依族	0.18	0.28	0.31	0.13
侗族	0.18	0.11	0.08	0.25
瑶族	0.12	0.02	0.00	0.13
朝鲜族	0.12			
白族	0.11	2.33	2.33	2.29
哈尼族	0.11	3.52	2.61	8.02
黎族	0.08	0.06	0.08	0.00
哈萨克族	0.03			
傣族	0.03	0.77	0.49	2.16
其他	0.42	1.47	1.36	2.04

注：Pearson chi2(16)= 108.0712，Pr= 0.000。

4. 受教育程度情况

人口流动具有一定的选择性，通常情况下是农村中受教育程度较高的人群更具有流动性，因为受教育程度较高的人口外出就业更具有优势，在劳动力市场中具有明显的比较优势。至于边境地区的流动人口是否具有相似的特征，其受教育程度情况如何，目前并不清楚。为此，笔者针对云南边境地区流动人口的受教育程度进行分析，结果如图2-6所示。

从图2-6可以看出，在受教育程度方面，流动人口的主体是初中文化程度的人群，占总流动人口的一半左右，但是不同区域的流动人口受教育程度文化差异比较大。总体特征是，边境县区的流动人口文化程度比较低，"未上过学"和"小学"文化程度的流动人口占比，比云南省内地县市区及云南和全国总体中"未上过学"和"小学"文化程度流动人

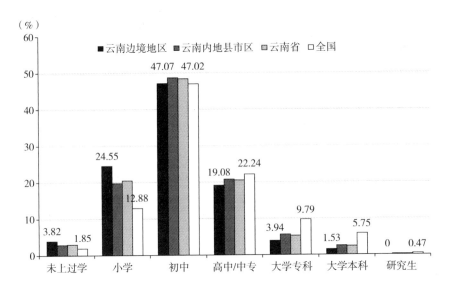

图2-6　云南边境地区、云南内地县市区、云南省与全国流动人口受教育程度比较

口占比要高，而大学专科及以上的高层次人才的比例明显偏低。这反映了边境地区流动人口教育文化素质不高的特征，边境地区几乎没有研究生学历的流动人口。

5. 流动范围

人口流动的本质是人口在地理空间上的位移，通常情况下是指居住在一个区域的人口因某种社会经济等因素迁移到其他区域生活或工作的现象。人口流动范围可以按地理距离来测量，即两地或多地间的地理距离，一般以交通线路实际距离来测量。此外，也可以用流动人口迁移流动跨越的行政区域来测量，反映了人口跨越行政区域单位的迁移能力。通常情况下，人口迁移流动的地理距离和跨越的行政范围呈正相关关系，即人口流动跨越行政区域的等级越高，流动的距离越远；人口流动跨越行政区域的等级越低，流动的距离越近。比如，跨乡镇流动的地理距离一般要比跨县市和跨省流动的距离要近。但是边境和边界线附近的人口流动情况有所不同。在乡镇边界、县市区边界、省市区边界和国家边境线上的人口流动，很多情况下虽然跨越较大行政管辖区域，但是实际地理距离可能很近，因此边境线上的人口流动具有特殊的意义。云南省边境县人口流动范围如表2-5所示，边境地区的跨境跨省流动特征比较明显。

表2-5　云南省边境地区人口流动范围

流动范围	边境县区	内地县市区	云南省	全国
跨省	50.51	44.72	45.69	49.09
省内跨市	39.77	34.97	35.78	33.54
市内跨县	9.46	20.31	18.50	17.37
跨境	0.26	0.00	0.04	0.01

从表2-5中的人口流动范围统计结果可以看出，云南边境地区的人口流动范围与内地县市区、云南省和全国的流动人口相比均具有明显的不同：①与云南内地的县市区相比，云南边境地区的跨省流动和省内跨市流动比例明显偏高，而市内跨县流动的比例偏低，比较明显的差别是，边境地区出现了跨境流动，尽管所占的比例不高，但是内地县市区没有跨境流动人口，这突出了边境地区流动人口也具有"跨境性"特征。②与云南省流动人口总体相比，边境地区的跨省流动和省内跨市流动比较高，跨省流动占比为50.51%，省内跨市占比为40%，两者合计占到了九成左右。③与全国相比，边境地区的跨省流动和省内跨市流动没有较大的差异，差异最大的是市内跨县流动，边境地区的市内跨县比例只有全国市内跨县的一半。边境地区人口流动跨越的行政单位较大，这与边境地区的特殊区位有很大的关系，很多边境地区的流动人口属于跨境民族，对于跨境民族人口来说，国家与国家之间的边境线只有政治意义，而没有地理距离意义，可能一个村落范围内的流动都属于跨境流动。

6. 流动原因

推拉理论认为，人口迁移或流动是其原住地的推力或排斥力和迁入地的拉力或吸引力共同作用的结果。例如，迁出地耕地减少、环境恶化、发展前途有限等，都属于推力因素；而迁入地较高的收入水平、良好的生活质量、受教育和发展机会较多等一些具有吸引力的因素都属于拉力。该理论指出了人口迁移动力的精髓所在，因此在其后的各种人口迁移动力模型中，都可以或多或少发现它的痕迹。但是这种理论过于简化，不适用于定量分析，因此学者们又在其基础上加以完善和发展，如1966年人口学家李（Lee）在其《迁移理论》一文中系统地总结了推—拉理论。他将影响迁移行为的因素概括为与迁入地有关的因素、与迁出地有关的因素、各种中间障碍和个人因素四个方面。迁入地和迁出地因素都包含吸引因素、排斥因素及中性因素，其中中性因素对迁移不起作用，吸引因素和排斥因素对不同人来说是不同的，人口迁移过程正是这四种因素共同作用的结果。舒尔茨在题为《人的投资的深思》一文中归纳了关于人口迁移的成本—效益理论，该理论通常被用来解释人口迁移的选择性。人口迁移的选择性是指具有某些特征的人群比一般人容易迁移的现象，如青年人在迁移中占主导地位。按成本—效益理论，年轻人、具有较高文化素质的人更容易迁移，原因在于他们迁移所获得的收入更高，而迁移成本较低，在克服迁移障碍方面有更大的优势等。发展经济学的典型代表人物刘易斯（Lewis）提出了二元经济模型。他把发展中国家的经济划分为两大部门，一个是以现代化手段生产的城市工业部门，另一个是以传统方法生产的农业部门，两个部门的收入水平存在明显差异。由于收入水平的明显差异，促使存在"剩余劳动力"的农业部门人口流向工业部门，这种流动对农业本身并无影响，但可促进工业部门的增长。而工业部门的增长又吸收了更多的农村"剩余劳动力"，如此循环往复，直至工业部门将农村"剩余劳动力"吸收完为止。归纳起来，人口迁移流动往往会受到一系列社会经济因素的影响。首先是经济的因素。Lansing 和 Mueller（1967）利用一系列实证研究发现，"经济动机"在人口迁移流动中占据统治地位①。其次是社会流动和社会地位变动引发的人口流动。S.Findley（2019）在研究中总结了多个学者对发展中国家迁移行为的研究，结果发现：人口迁移是为了改变家庭的社会地位和现状，获得更多的优质资源，如教育、医疗和社会保障等，如很多家庭的城乡迁移是为了使子女获得更好的就学机会。再次是生活方式偏好。社会学家布迪厄采用习惯和场域的概念对生活方式影响迁移进行了更深入的研究。他认为，习惯即个性和生活方式，场域这一包含着历史文化等多种因素的存在影响迁移。最后是家庭和朋友的影响。Ritchey（1976）提出，家人和朋友通过提供给潜在迁移者以当地积极信息鼓励迁移或在迁移目的地有家人和朋友可能在该地获得定居方面的帮助而促成迁移决策。② 云南边境地区流动人口的流动原因如表 2-6 所示。

表 2-6　云南边境地区人口流动原因

流动原因	内地县市区	边境县区	云南省	全国
务工/工作	44.48	38.68	43.5	60.05
经商	47.58	49.62	47.92	23.57
务工经商	92.06	88.3	91.42	83.62
家属随迁	4.92	7.38	5.33	9.33
拆迁搬家	1.05	1.91	1.19	2.35
婚姻嫁娶	0.05	0.00	0.04	0.63
投亲靠友	0.38	0.25	0.36	0.97
出生	0.28	1.53	0.49	0.20
其他	0.74	0.51	0.70	0.82

① J.B.Lansing, E.Mueller. The Geographic Mobility of Labour [M]. Survey Research Center, University of Michigan, 1967.
② 转引自罗仁娟. 云南边境地区人口跨境流出及其影响因素分析[D]. 云南师范大学硕士学位论文, 2017.

续表

流动原因	内地县市区	边境县区	云南省	全国
照顾老人	0.05	0.00	0.04	0.06
照顾自家小孩	0.46	0.13	0.41	2.03

表 2-6 的统计结果显示，云南省边境地区的人口流动主要原因是经济因素。外出务工与经商两类合计占到边境地区流动人口的 88%，这与内地县区及云南省和全国的流动人口类似，主要是在经济因素驱动下的迁移流动，而社会因素所占比例只有 11.7%。由此可见，经济因素在边境地区的境内流动中仍然是主要因素。不同的是，和全国相比，边境地区务工经商等经济驱动因素更明显，但是低于云南省内地县区和云南流动人口总体水平。需要注意的是，由于边境地区生育政策管理松弛，生育水平相对较高，边境地区出生的人口数量比其他地区较明显。

7. 人口自然增长缓慢

影响人口变动的因素主要有出生、死亡和迁移。出生可以导致人口增加，死亡将会导致人口总量减少，迁移会导致迁入地的人口增加和迁出地的人口减少。由人口出生和死亡决定的人口自然变动是人口迁移流动的基础，换句话说，人口自然变动是人口机械变动的基础。因此，在分析云南边境地区的人口迁移流动前，有必要对边境地区的人口自然变动进行分析。云南边境地区人口自然变动如表 2-7 所示。

表 2-7　云南边境地区人口自然变动　　　　　　单位：‰

地区	2000 年人口自然变动			2010 年人口自然变动		
	出生率	死亡率	增长率	出生率	死亡率	增长率
云南省	18.44	7.33	11.11	12.30	6.36	5.94
腾冲市	17.89	7.08	10.81	13.42	6.10	7.32
龙陵县	16.34	8.38	7.96	16.20	6.77	9.43

续表

地区	2000年人口自然变动			2010年人口自然变动		
	出生率	死亡率	增长率	出生率	死亡率	增长率
江城哈尼族彝族自治县	16.96	6.75	10.21	12.52	6.10	6.42
孟连傣族拉祜族佤族自治县	12.12	4.69	7.42	12.32	6.90	5.42
澜沧拉祜族自治县	20.13	9.39	10.74	12.57	7.05	5.52
西盟佤族自治县	17.70	9.30	8.40	11.90	6.04	5.86
镇康县	26.25	8.82	17.43	15.49	7.78	7.71
耿马傣族佤族自治县	25.24	9.40	15.85	13.91	8.36	5.55
沧源佤族自治县	23.97	10.73	13.23	13.84	6.71	7.13
金平苗族瑶族傣族自治县	22.61	9.90	12.72	15.81	6.94	8.87
绿春县	25.07	12.21	12.86	16.50	7.49	9.01
河口瑶族自治县	21.29	8.63	12.65	11.55	6.25	5.30
麻栗坡县	19.15	7.73	11.42	12.59	6.54	6.05
马关县	18.50	8.04	10.46	12.98	7.02	5.96
富宁县	21.15	8.09	13.06	13.09	6.86	6.23
景洪市	16.10	5.44	10.66	11.08	4.61	6.47
勐海县	17.21	7.71	9.50	12.88	5.90	6.98
勐腊县	16.65	6.38	10.27	11.52	4.91	6.61
瑞丽市	17.29	5.28	12.02	11.52	4.91	6.61
潞西市	17.85	5.42	12.44	13.18	5.34	7.84
盈江县	19.23	7.01	12.21	15.03	5.44	9.59
陇川县	18.29	6.12	12.17	15.22	6.43	8.79
泸水市	17.45	7.51	9.94	13.38	6.27	7.11
福贡县	22.40	9.44	12.95	15.21	6.06	9.15
贡山独龙族怒族自治县	22.77	12.01	10.76	10.55	9.29	1.26

资料来源：2000年第五次全国人口普查、2010年第六次全国人口普查。

从图2-7可以看出，云南25个边境县市的人口自然增长率都出现了不同程度的下降，2000年80%以上的边境县市人口自然增长率还都处于10‰以上，但是2010年第六次全国人口普查数据显示，所有县市的人口自然增长率都降低到 10‰ 以内，出生率、死亡率和人口自然增长率都出现了明显下降的趋势。从总和生育率水平来看，边境地区也进入了低生育水平行列，边境地区全部县市的总和生育率都降低到更替水平（TFR = 2.1）以下。因此，可以认为云南边境地区也进入了现代型的人口再生产过程，即人口的"低出生、低死亡、低增长"特征比较明显。

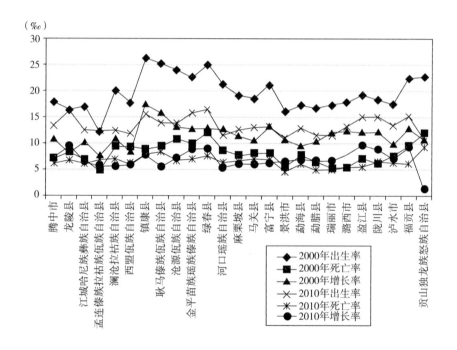

图 2-7　云南边境地区人口自然增长变动

资料来源：2000 年第五次全国人口普查、2010 年第六次全国人口普查。

由于边境地区的生育水平不断降低，人口老龄化程度逐渐加深，人口自然增长较慢。边境地区人口安全问题比较重要。一定规模的人口居住在边境沿线是一国边境安全与稳定的重要保障。边境沿线人口大量外流必然会对边境安全和稳定产生明显影响[①]。为了保持边境地区的人口可

---

① 转引自罗仁娟. 云南边境地区人口跨境流出及其影响因素分析[D]. 云南师范大学硕士学位论文，2017.

持续发展，就需要一定的外来人口补充，总体上看云南边境地区的迁入人口规模在不断扩大，虽然流出人口规模也在扩大，但是流入人口增长更加明显。

8. 人口流动活跃

人口流动包括人口流出和人口流入。2000~2010 年，云南边境地区不论是流出人口还是流入人口都表现为净增加。首先，云南边境地区的迁入人口增长较快。从迁入人口的视角来看，第五次和第六次全国人口普查数据显示，云南边境地区的迁入人口在不断增加，2000 年 25 个边境县市迁入人口合计 49.92 万人，其中外省迁入边境地区人口数为 14.48 万人，省内跨市迁入人口数 23.3 万人，市内跨县迁入边境地区 12.15 万人。2010 年 25 个边境县市迁入人口合计 87.32 万人，其中外省迁入边境地区人口数为 20.06 万人，省内跨市迁入人口数为 40.57 万人，市内跨县迁入边境地区人口数为 26.69 万人，以省内迁移流动为主，十年间边境地区的人口迁移增长比较明显，迁入人口总量几乎翻了一番，如表 2-8 和表 2-9所示。

表 2-8　2000 年云南省边境地区迁入人口　　　　单位：人

边境县市	本县（市）/本市市区	本省其他县（市）、市区	外省	合计
腾冲市	7977	3788	8216	19981
龙陵县	3345	2154	1137	6636
江城哈尼族彝族自治县	7900	9214	2092	19206
孟连傣族拉祜族佤族自治县	2028	10075	4643	16746
澜沧拉祜族自治县	11547	5352	8106	25005
西盟佤族自治县	1798	2265	2003	6066
镇康县	2575	7702	4149	14426
耿马傣族佤族自治县	5623	11592	8231	25446
沧源佤族自治县	3864	3431	3502	10797

续表

边境县市	本县（市）/本市市区	本省其他县（市）、市区	外省	合计
金平苗族瑶族傣族自治县	6603	2024	2574	11201
绿春县	1934	627	862	3423
河口瑶族自治县	2905	11558	6854	21317
麻栗坡县	2910	1164	2209	6283
马关县	5820	1703	2545	10068
富宁县	1607	1631	4295	7533
景洪市	10926	56950	30540	98416
勐海县	2697	15862	7984	26543
勐腊县	5451	31863	12234	49548
瑞丽市	5519	19531	14774	39824
潞西市	11497	11648	5372	28517
盈江县	9351	8734	4991	23076
陇川县	4578	6191	2001	12770
泸水市	2115	5308	3849	11272
福贡县	550	1219	598	2367
贡山独龙族怒族自治县	347	1336	1044	2727
云南边境合计	121467	232922	144805	499194

资料来源：2000 年第五次全国人口普查。

表 2-9　2010 年云南省边境地区迁入人口　　　　单位：人

边境县市	本县（市）/本市市区	本省其他县（市）、市区	外省	合计
腾冲市	15585	10842	10835	37262
龙陵县	9534	6069	4270	19873
江城哈尼族彝族自治县	9992	15617	3159	28768
孟连傣族拉祜族佤族自治县	4176	14426	4884	23486
澜沧拉祜族自治县	21016	9230	8183	38429
西盟佤族自治县	3353	2449	1366	7168
镇康县	7306	4853	2813	14972

续表

边境县市	本县（市）/ 本市市区	本省其他县 （市）、市区	外省	合计
耿马傣族佤族自治县	6612	15579	8543	30734
沧源佤族自治县	6551	7830	4100	18481
金平苗族瑶族傣族自治县	11312	3886	4128	19326
绿春县	3729	2139	1898	7766
河口瑶族自治县	4212	14460	7523	26195
麻栗坡县	8715	2827	3196	14738
马关县	20217	5295	5455	30967
富宁县	19498	3561	7660	30719
景洪市	26189	100645	44469	171303
勐海县	7945	22570	10190	40705
勐腊县	9949	56648	16742	83339
瑞丽市	7615	36081	23255	66951
潞西市	26696	30712	10334	67742
盈江县	19887	18948	8968	47803
陇川县	7715	8268	2493	18476
泸水市	7002	8452	3786	19240
福贡县	1254	2019	1097	4370
贡山独龙族怒族自治县	827	2303	1294	4424
云南边境合计	266887	405709	200641	873237

资料来源：2010 年第六次全国人口普查。

其次，云南边境地区人口流出增加较为明显。人口普查数据里没有直接调查流出人口数量，但是可以根据普查数据中的逻辑关系计算出每个县市的流出人口数量。这里主要采用罗仁娟（2017）的计算办法，具体计算公式如表 2-10 所示。

表2-10　人口变动（率）计算公式

计算公式	序号
流出人口=户籍人口+迁入人口-常住人口	（公式1）
人口净迁移=迁入人口-流出人口	（公式2）
人口流出率=100×（流出人口/户籍人口）	（公式3）
人口流入率=100×（流入人口/户籍人口）	（公式4）

根据表2-10中计算公式，可计算得出云南省25个边境县市人口流出率、流入率及人口变动情况，从而进行人口迁移流动的区域空间比较。计算结果如表2-11和表2-12所示。

表2-11　2000年云南边境地区人口迁移变动

县市	流出人口（人）	流出率（%）	流入率（%）	净迁移（人）
腾冲市	17433	2.95	3.38	2548
龙陵县	9240	3.52	2.53	-2604
江城哈尼族彝族自治县	7217	8.18	21.76	11989
孟连傣族拉祜族佤族自治县	4017	2.05	8.55	12729
澜沧拉祜族自治县	24119	5.21	5.40	886
西盟佤族自治县	1779	2.16	7.37	4287
镇康县	1982	1.17	8.50	12444
耿马傣族佤族自治县	6546	2.22	8.65	18900
沧源佤族自治县	2659	1.37	5.55	8138
金平苗族瑶族傣族自治县	9702	3.08	3.56	1499
绿春县	4181	2.07	1.69	-758
河口瑶族自治县	2929	3.80	27.66	18388
麻栗坡县	5735	2.14	2.35	548
马关县	8649	2.48	2.89	1419
富宁县	10606	2.75	1.95	-3073
景洪市	18066	4.97	27.09	80350
勐海县	9361	3.15	8.94	17182

续表

县市	流出人口（人）	流出率（%）	流入率（%）	净迁移（人）
勐腊县	9001	4.61	25.39	40547
瑞丽市	10194	8.12	31.71	29630
潞西市	22899	6.90	8.59	5618
盈江县	11583	4.50	8.96	11493
陇川县	9420	5.65	7.66	3350
泸水市	7016	4.18	6.72	4256
福贡县	2464	2.79	2.68	-97
贡山独龙族怒族自治县	807	2.46	8.31	1920

表 2-12 2010 年云南边境地区人口迁移变动

县市	流出人口（人）	流出率（%）	流入率（%）	净迁移（人）
腾冲市	46624	7.13	5.70	-9362
龙陵县	35717	12.18	6.78	-15844
江城哈尼族彝族自治县	16384	15.01	26.35	12384
孟连傣族拉祜族佤族自治县	16309	12.71	18.30	7177
澜沧拉祜族自治县	44293	8.90	7.72	-5864
西盟佤族自治县	12121	12.59	7.44	-4953
镇康县	16045	9.04	8.44	-1073
耿马傣族佤族自治县	16696	5.92	10.89	14038
沧源佤族自治县	16545	9.34	10.43	1936
金平苗族瑶族傣族自治县	47437	12.34	5.03	-28111
绿春县	17731	7.64	3.35	-9965
河口瑶族自治县	13968	15.12	28.36	12227
麻栗坡县	27328	9.41	5.07	-12590
马关县	34977	9.41	8.34	-4010
富宁县	61688	14.07	7.01	-30969
景洪市	48438	12.20	43.14	122865
勐海县	30288	9.42	12.66	10417
勐腊县	28365	12.51	36.75	54974

县市	流出人口（人）	流出率（%）	流入率（%）	净迁移（人）
瑞丽市	16142	12.43	51.57	50809
潞西市	50952	13.66	18.16	16790
盈江县	35582	12.15	16.32	12221
陇川县	23879	12.77	9.88	−5403
泸水市	12140	6.83	10.83	7100
福贡县	10870	10.34	4.16	−6500
贡山独龙族怒族自治县	2291	6.41	12.37	2133

从表2-12的统计数据分析发现，2000年云南省边境25个县市流出人口21.7605万人，流入人口49.9194万人，总流动人口（流出+流入）71.6799万人，流出人口占总流动人口的69.64%，流入人口占总流动人口的30.36%，流出人口总量少于流入人口总量，净流入人口28.1589万人，属于人口净流入区。2010年云南省边境25个县市流出人口692810人，流入人口873237人，流动人口总数为1556047人，流出人口占流动人口总数的43.88%，流入人口占流动人口总数的56.12%，流出人口总量少于流入人口总量，净流入人口190427人，云南边境地区仍属于人口净流入区。由此可见，虽然边境地区的人口外流趋势明显，但是自2000年以来，云南边境地区总体上一直是人口净流入区。具体分县市来看，可以根据2000~2010年人口流动情况将云南边境地区分为以下三类（见图2-8）：

（1）人口净流入区。主要是江城县、孟连县、耿马县、沧源县、河口县、景洪市、勐腊县、勐海县、瑞丽市、潞西市、盈江县、泸水市和贡山县。

（2）人口净流出区。主要是龙陵县、绿春县、富宁县、福贡县。

（3）人口流入转流出区。主要是腾冲市、澜沧县、西盟县、镇康县、金平县、麻栗坡县、马关县、龙川县。

需要注意的是，尽管云南边境地区总体上以人口净流入为主，但是

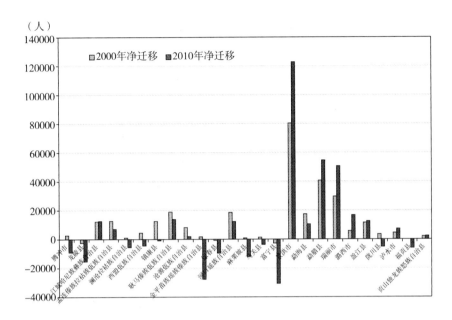

图 2-8 2000 年和 2010 年云南边境地区人口净流动情况

云南边境地区在 2000~2010 年没有出现人口流出转流入的县市，只有流入转流出的现象，说明边境地区的人口外流现象也比较明显。因此，综上分析发现，云南边境地区的人口流动主要表现为"高进—高出"的特征，人口流动趋势比较活跃。

从人口迁移率来看（见图 2-9），云南边境地区的人口迁移率增长较快，2000~2010 年人口平均迁出率从 3.8% 增长到 10.85%，平均迁入率从 9.9% 增长到 14.93%。分地区来看，云南边境地区的人口迁入率最高的县市是瑞丽市、景洪市、勐腊县、河口县和江城县，迁出率较高的是龙陵县、江城县、西盟县、河口县、富宁县、景洪市、潞西市、福贡县等县市。总之，不管从迁移人口还是从迁移率来看，云南边境地区的人口都表现为"高进—高出"的活跃性特征。云南边境地区人口"高进—高出"的特征与各边境县市的经济发展水平有很大的关系。云南省边境地区经济发展状况各县市之间差异比较大。瑞丽市、河口县和景洪市拥有国家级口岸，经济发展水平较高，其人均 GDP 高于全省同期平均值。而澜沧县、金平苗县、绿春县、西盟县、福贡县等经济发展水平落后，其人均 GDP 不足云南省同期平均值一半。人口迁入率较高的区域主要是经济发展水平较好的县市，这些县市主要是一些大的国家级口岸，边境贸易非常发达，如瑞丽市的姐告珠宝市场吸引了大量的缅甸人和中国内地人口，河口边境口岸上大多数是一些刀具、民族服饰、热带水果、手工艺品等外贸商品。经济因素是边境地区人口流出的重要原因，经济发展是人口迁入的重要引力。2015 年云南 25 个边境县市中只有德宏州瑞丽市（38268 元/人）、红河州河口县（34530 元/人）和西双版纳州景洪市（33255 元/人）3 个县市的经济水平高于全省人均水平（28806 元/人），其他 22 个县市均低于云南省人均水平①。

从以上数据分析发现：总体上，云南边境地区的人口净流动与人均 GDP 呈明显的正相关关系。在 25 个边境县市中，13 个人口净流入县市的人均 GDP 明显高于 12 个人口净流出县市，相关系数为正值，人均 GDP 越高，人口流入率越高；人口流出率与地区 GDP 呈负相关关系，人均 GDP 越低，人口净流率出高。这说明了地区的经济发展水平是决定人口流向及人口流动性强弱的主要因素之一，尽管人口迁移流动可能还会受到其他非经济因素的影响，比如婚姻、随迁等。罗仁娟（2017）的调查结果也表明，导致边境地区人口外流的主要因素是经济因素，边境地区经济发展水平较低，生活条件艰苦是本地人口外流的重要原因，占调查样本的 58%左右，因本地就业机会少而外流的比例大约占 33%，其他因素合计只占 10%左右，经济因素是影响人口流动的重要原因，这与内地人口流动以务工经商为主具有同样的特征，内地流动人口几乎 80%以上都属于经济型流动，而社会型流动只占到流动人口总体的 20%左右。

---

① 转引自：罗仁娟. 云南边境地区人口跨境流出及其影响因素分析［D］. 云南师范大学硕士学位论文，2017.

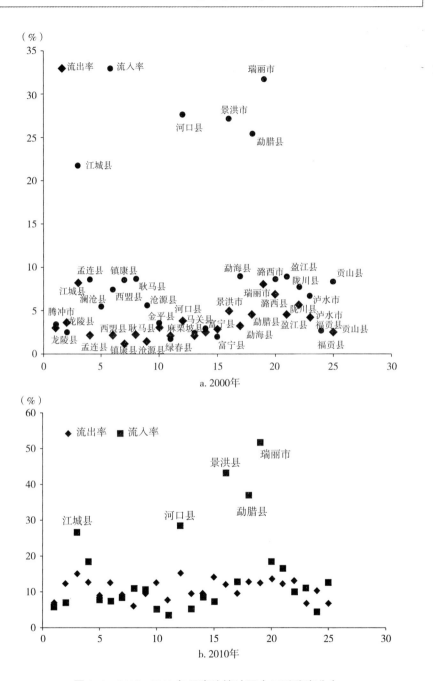

图 2-9　2000~2010 年云南边境地区人口迁移率分布

第三章

云南边境地区流动人口族际关系

　　国内学者经过将近 40 年的研究分析，在流动人口方面取得了丰硕的研究成果，具体的研究领域也不断扩大，从最初的经济学观点扩展到社会学、人口学、法学、管理学和文化学等领域。总结已取得的研究成果，学者们主要集中在人口流动的现状、动因、流动规律，对流入地和流出地造成的影响等方面取得了客观的研究成果，各专家都有自己独到的观点。这对人们研究人口流动问题提供了思路，同时也提出了针对流动人口问题的对策和建议，具有一定的指导意义和现实价值。但是，目前关于人口流动的研究重点集中在人口流动的原因、动力机制及其影响方面，而且主要以某一个省或某一个市为背景进行分析，特地针对边境县的研究相对较少。研究内容方面，缺少对流动人口族际交往关系的分析。在边境地区，流动人口的族际交往关系是否融洽，不仅是当地社会稳定与经济健康发展的决定性因素，还是影响民族地区的人口流动状况的重要因素。分析边境地区流动人口的族际交往关系，对促进边境人口平稳发展，维护边境地区社会稳定和经济有序增长具有重要的社会现实意义。

　　云南省地处中国西南边疆，一方面由于经济发展水平落后，外出打工的人员较多，另一方面由于西部大开发、桥头堡建设、东盟自由贸易区建立又吸引了大量的国际国内人口的流入，人口迁移流动现象较为频繁。据国家统计局人口普查数据显示，云南省流动人口 2000 年为 116.4 万人，占云南省总人口的 10.47%；到 2010 年，达到 117.1 万人，占云南省总人口的 13.17%。十多年一直保持较高的人口流动量。2000 年，按照迁徙原因分类的云南省流出人口中，因为婚姻嫁娶流出的女性为 41849 人，男性为 8621 人，也就是外嫁的云南适龄女性占婚姻嫁娶流动人口的 82.91%。2010 年，因为婚姻嫁娶流出的女性为 287669 人，男性为 105017 人，也就是嫁出的云南适龄女性占婚姻嫁娶流动人口的 73.26%。十多年来，嫁出适龄女性在数量上的增加更是明显，增长了近 7 倍。这项数据也从某种程度上证实了云南本乡本土的男性，尤其是落后地区的男性找媳妇难的问题。

云南与毗邻国边民之间交流频繁，尤其近年在跨境劳务输出方面，人口跨境流动较为频繁，双边边民都会跨境到对方境内砍甘蔗、割胶、种植、搞建筑、做生意或在服务行业工作等。调研中的很多跨境婚姻夫妻双方都是通过打工认识的，到双边国家的情况都有，甚至有的中国男青年到缅甸、老挝、越南去打工，目的就是找媳妇。这也显示出随着时代的进步，边疆青年择偶观的变化和思想观念的开放。云南边境一线的贫困，大龄村民到缅甸、老挝或者越南去找媳妇，跨境婚姻人数的上升，是受世界一体化因素的影响，在国家迈向现代化的过程中，边疆青年婚姻观念从保守、封闭逐渐走向开放，从传统向现代转变，从一元向多元转变的一种直接体现。

一、流动人口的"土客矛盾"

"土客矛盾"最早出现在明清时期，专指明清时期中国南方的族群混杂的居住地区，不同族群（包括汉族的不同民系、壮族、瑶族）之间的激烈冲突，最高峰是清朝末年间发生在广东的土客械斗。"土""客"两词分别是指某一地区的先住民和后住民，按当地不同族群到来的先后进行区分。土客冲突的双方在不同地点并不完全相同，例如广西的土客冲突，土方为壮族及当地的汉族人，客方为客家等民系；湖南的土客冲突，土方为湖南湘语人，客方为江西江右人。在中国历史上，发生过土客冲突的地方有很多，例如在广东、广西、江西、湖南、浙江、苏北、东北等许多地方都曾发生过。土客冲突发生的时间跨越度很长，从明朝中期到清末均有发生，但绝大多数土客冲突均发生在清末（19世纪40年代至19世纪末）。土客冲突给当地人民，无论是土方还是客方，都造成了深重的灾难。究其原因，不同研究者的说法各异，但普遍接受的一点是：土客冲突的本质在于争夺生存资源；土客矛盾的极端形式——土客械斗，则是乡村争夺资源的一个极端形式。土客冲突自明朝以前就在中国南方不时出现，但都规模不大。到了清末，满清政府为彻底清算消灭太平军等反政府势力，同时，广东沿海等地的人口剧增（各地移民及自然人口增长），人民生活困苦，生存资源处于极度紧张的状态，当时政治、经济都急剧变动，惨烈的土客械斗就在这种背景下发生。时至今日，随着中国城市化进程的加快，人口流动的趋势更加明显，土客矛盾也更加频繁，并且体现在社会生活的各个层面，如何处理好新时期边境地区的土客关系，对于维护中国社会、经济的稳定至关重要。在现代社会，伴随着工业化、城市化的进程，这一问题变得不再简单。它往往包含着社会、政治、文化、经济、个体人格等多重领域的互动关系，甚至可以说"土客关系"展现着现代社会、高流动的陌生社会中人与人之间复杂关系的本质。

本书中提到的"土客关系"指的是云南边境乡村社会里的本地人与外地人的关系。本地人和外地人的关系在城市与乡村具有不同的性质，在城市，这对关系主要体现为如何让外地人和本地人相互融合，而在乡村，这对关系首先体现为土客矛盾。为什么在城市和乡村会具有不同的表现形式呢？因为农村社会更具有封闭性，比如城市有单位，农村只有集体，农村集体还没有消失，集体资产是对外封闭的，可城市单位已经全面开放了；再比如农村是地方传统文化的核心地带，而城市被设定为全面开放的区域。土客之间的紧张关系在城市和乡村都可能存在，但在乡村，我们要像在城市里一样要求本地人敞开胸怀接受外地人，多少会有些犹豫。我们很难想当然地认为农村的集体土地和资产也应该向外地人开放，如同我们今天理直气壮地认为城市的公共服务应该向外地人开放一样，毕竟农民集体的存在有其历史的与现实的合理性。我们也很难想当然地认为农民应该放弃自己的方言，如同我们今天要求城市人都说普通话一样。毕竟地方文化也有它历史的和现实的合理性。所以，本地人与外地人的矛盾在乡村具有不同于城里的性质，外地人在乡村确实是个"客人"，因此，我们要引用"土客"这个古老的说法来描述乡村社会里的本地人与外地人之间的关系。云南边境地区的流入人口与流入地居民之间的关系，首先表现为"本地人"与"外地人"之间的"土客"关系，这里的"土"即指边境地区的户籍居民，"客"指除了本地（本县）以外的其他人口。根据土客群体涉及的地理距离，云南边境地区的土客关系由近到远具体可以划分为四个层次：第一个层次是边境地区内部的其他边境县区的外来人口；第二个层次是属于国内但在边境县区以外县区的非边境地区外来人口；第三个层次是邻国外来人口（主要指的是越南、老挝和缅甸三个国家的移民）居民；第四个层次是其他国家和地区的居民。

（一）云南边境地区内部的其他边境县区的外来人口

土客关系是一个相对概念，在不同的地区具有不同的含义，就云南25个边境县市而言，边境地区内部也有人口迁移流动的现象，即从一个边境县市流入到另一个边境县市，从边境县市到边境县市的流动土客关系矛盾比较缓和。边境地区人口内部流动具有较高的同质性，流动人口与本地人口之间的语言、习俗、文化差异不大，外来人口与本地人口的融合度较高。

云南省流动人口与本地各族人民在政治、经济、文化和社会等方面的长期接触和交往过程中，形成了"你中有我，我中有你"的友好局面，这种民族关系的形成是一个历史渐进的过程，并不是一蹴而就的过程。历史上蒙古族、契丹族、回族、西番和满族等移民云南，虽然在人数上不多，但是这些民族为了获得发展，不得不与其聚居区的民族通婚，促进了本地民族与外来民族的融合。

（二）国内与境外跨境民族关系

由于边境地区的特殊性，涉及大量的外籍流动人口，所以流动人口与流入地居民之间的关系还是国内民族与跨境民族之间的国际关系。从民族属性来看，尽管是同一个民族，但也存在国内与跨境民族之间的关系。云南特殊的地理区位，决定了云南特殊的民族关系，云南位于中国西南边陲，与缅甸、老挝、越南接壤，和泰国互为近邻，是中国跨境民族最多的省份之一。云南有汉族和壮族、傣族、布依族、彝族、哈尼族、拉祜族、傈僳族、景颇族、阿昌族、怒族、佤族、独龙族、德昂族、布朗族、苗族、瑶族 17 个民族与缅甸、泰国、越南、老挝等国家跨国而居。这些民族群体所跨居的国家数量有所差异，而且同一民族在不同的国家可能有不一样的自称或他称，但每个单一民族群体在历史上都有密切的渊源关系，在现实中也有较强的民族认同观念，是典型的现代跨境民族。下文就这些民族在东南亚相关国家的称谓、分布、人口规模等方面进行简单介绍。

（1）汉族—华人。中国汉族移居中南半岛各国的历史较为悠久，一般被称为华人。需要说明的是，华人作为一个国际性的民族群体，在相关国家不仅指中国汉族，也包括部分其他族裔的中国人群体。但在东南亚国家，华人一般指不同时期移居至此的汉族。今天的东南亚华人绝大部分都已经加入了所在国国籍，使用所在国的语言文字，并接受了所在国的主流文化，并非严格意义上的跨境民族。但由于东南亚华人尤其是近现代才从国内出去的华人对中国及中国人还有一定的认同感，有些地区的华人还较好地保存了传统文化并有"霍人"等专称，因此也被本书列为云南与东南亚的跨境民族。

在缅甸官方于 20 世纪 80 年代列出的 135 个民族中，并没有华人。但缅甸华人分散在全国各地，大多数居住在各地城镇，仰光、曼德勒、腊戍、勃生、当阳、东枝、密支那、毛淡棉、景栋、土瓦、渺妙、卑谬、八莫、彬文那、垒固 15 个主要华人居住城镇的华人人口约占全缅华人的一半。关于缅甸华人的人口，目前众说纷纭，据林锡星先生 2002 年发表的研究成果估计，缅甸华人大约有 100 万人，占缅甸总人口的 10% 左右。泰国华人遍布全国各地，是人口仅次于泰语民族的民族群体。关于泰国华人的数量，国内学者通常都用估计的方法，因此会存在一定误差。据中国学者黄莺 2003 年的研究成果，泰国总人口为 6246 万人，其中主体民族泰族约占 75%，非主体民族约占 25%。至于华人在泰国总人口中所占的比例，当在 15% 左右时，泰国的马来人占泰国总人口的 3% 左右，山地民族占 2% 左右，而人口较少的欧美侨民及亚洲其他国家侨民大约占到 5% 的比例。若以 15% 的比例推算，泰国华人当在 950 万人左右。在泰国的华人中，还有一个特殊的群体——被称为"霍"（Haw）或"津霍"（ChinHaw）的云南人（其中有部分穆斯林）。他们主要居住在清莱、清迈、夜丰颂等府。越南华人的分布也非常广泛。据范宏贵先生介绍，在越南的 50 多个省市中，有 33 个省市的华人人口超过 1000 人，他们不仅居住在各大城市，还分布于越南各地的城镇和乡村。据 1978 年的统计数据，越南华人约有 180 万人，其中约 25 万人居住在北越，约 155 万人分布于南越各地。在越南北方，还有一部分居住在山区的汉人被政府识别为艾族，他们居住在北太、同奈、宣光、河北等省，1989 年有 1200 多人。老挝是华人华侨人数较少的东南亚国家之一。老挝华人大致可以分为两种不同的类型：一为"**霍人**"（贺人），一为"秦人"。"霍人"一般专指从中国云南迁去的汉人，也有人认为是指早期移居老挝的汉人。老挝的霍人主要分布于丰沙里、乌都姆塞、琅南塔、琅勃拉邦等省，1995 年其人口近 9000 人。

（2）傣族—傣泰民族。中国傣族、缅甸掸族、泰国泰族、老挝佬族、越南泰族、印度阿洪姆人是国际泰学界所说的"泰语民族"的主要组成部分。这些民族群体有时又被称为"傣泰民族""傣掸民族"或"泰老民族"。一般认为，这些民族及其部分支系是同源异流的跨境民族群体。作为泰国现在的主体民族和统治民族，泰族在泰国 70 多个府广为分布。按居住地区和方言的差异，泰国泰族可分为中部泰人、东北泰人、北方泰人、南部泰人几部分。世界银行 2018 年公布数据显示，泰国总人口为 6943 万人。学术界一般认为泰国泰族约占泰国总人口的 75%，据此推算，则泰国泰族的人口当在 5207.3 万人左右。在泰国清莱、清迈等府，还分布有一定数量的泐人等泰语民族支系。泰国内务部还对从缅甸迁入的掸人人口做了单独统计，1998 年约有 1.2 万人。作为老挝现在的主体民族和统治民族，佬族在老挝全国 18 个省市均有分布，他们主要居住在老挝相对发达的万象平原、沙湾吉拿平原、巴色平原和琅勃拉邦河谷等地区，约占这些地区总人口的 80%。据老挝国家统计中心 1992 年公布的数据，老挝佬族人口为 250 万人，约占老挝总人口的 50.3%。老挝泰语民族支系繁多，许多支系在当地被视为单一民族。其中，泐人主要居住在老挝北部的琅南塔、乌都姆塞、丰沙里、乔波、琅勃拉邦、塞雅波里等省，与中国西双版纳的傣族较为近似，1995 年有近 12 万人。2000 年老挝中央建国阵线召开的"民族名称讨论会"将老挝过去确定的 47 个民族增加为 49 个，老挝泰语民族的支系普泰人和泰讷人被列为单一民族。老挝的普泰人主要居住在甘蒙省，少数分布于沙湾吉拿、沙拉文等省，其人口少则几万人，多则十几万人，有待进一步考证。老挝的泰讷人主要居住在琅南塔、华潘、乔波、琅勃拉邦、万象等省，1995 年有 38500 人。越南泰族主要居住在山罗、义安、清化、莱州、老街、安沛、和平等省，林同、多乐等省也有少量分布。越南泰族大致可以分为白泰、黑泰、红泰三大支系，1989 年有 104 万人。泐人在越南也被划为单一民族，主要分布在莱州省的笙湖县和封土县，1989 年有 3700 人。掸人是缅甸人口最多的少数民族，又被称为"泰奄"（TaiJai）或"大泰人"（GreaterTai）。现今的缅甸掸人一半以上居住在掸邦，其余的主要分布在克伦、克耶、孟等邦和实皆、勃固、曼德勒等省，综合国内外相关资料估算，其人口当在 500 万人左右。

（3）哈尼族—拉祜族。缅甸与泰国的哈尼族一般被称为"阿卡"，他们与中国云南哈尼族的爱尼人支系较为相似。他们通常与拉祜人等彝语支民族杂居。缅甸的阿卡人和拉祜人主要分布于缅泰边境的景栋地区与中缅边境的掸邦东部山区。据贺圣达先生等估计，2001 年缅甸阿卡人约为 10 万人，拉祜人约 15 万人。泰国的阿卡人和拉祜人主要分布在清莱府，其余分散居住于清迈、夜丰颂、甘烹碧、南邦、帕耀、达等北方诸府。1995 年泰国有拉祜人 82158 人、阿卡人 49903 人，1998 年有拉祜人 87364 人、阿卡人 57266 人。在缅甸与泰国，还分布有彝语支民族毕苏人。在泰国清莱府有 3 个毕苏人村落，一个在麦老县，一个在清莱直辖县，一个在潘县，人口共约 1000 人。泰国毕苏人在缅甸的对应族体为"彬人"，主要居住在掸邦，人口不详。毕苏人在中国云南也有分布，其中普洱市澜沧、孟连等地的"老缅人"归拉祜族，西双版纳州勐海、景洪等地的"老品人"归傣族。老挝的哈尼族主要有阿卡、哈尼、卡多等支系，各支系又被列为单一民族。其中，阿卡人分布在丰沙里、琅南塔、乌都姆塞、乔波等省，1995 年有 66018 人。哈尼人居住在丰沙里省乌怒县的三个村庄，1995 年有 1122 人。卡多人居住在丰沙里省的几个村子，2002 年时估计有 200 人。老挝的拉祜族主要分布于波乔省的会塞县和琅南塔省的龙、琅南塔、万布卡等县，1995 年有 14970 人。越南的哈尼族主要分布于越南北部莱州省、老街省的山区，1989 年有 1.2 万人。越南拉祜族主要居住在莱州省勐碟县的山区，1989 年有 5400 人。

（4）苗族—瑶族。越南是苗瑶语民族人口最多的东南亚国家。越南苗人主要分布于河江、莱州、山罗、安沛、高平、义安、宣光、清化等省，1989 年有 55.8 万人。河江、莱州两省的苗人最为集中，均在 10 万人以上，山罗省的苗人也有 8 万多人。越南瑶人分布较广，在越南北方的 16 个省均有分布，河江、高平、宣光、老街、广宁、北太、莱州、谅山、山罗、和平等省的瑶人均在万人以上。20 世纪 70 年代后，有少数瑶人向南迁移，进入越南中南部地区。1989 年越南共有瑶人 47 万多人，这一数据远大于中南半岛其他国家瑶人的总和。老挝苗人主要分布于丰沙里、华潘、琅南塔、波乔、琅勃拉邦、川圹、沙耶武里、万象、波里坎赛等省，1995 年有 315465 人。老挝瑶人的分布区与苗人较为近似，主要分布于万象以北诸省，但其人口要少很多，1995 年有 22655 人。泰国的苗人和瑶人主要分布在北部的清莱、清迈、达、难、帕耀、南邦、黎逸、彭世洛、夜丰颂、帕、碧差汶等府，与瑶人相比，苗人的分布范围稍广一些，人口也是瑶人的 1 倍以上。1995 年泰国苗人有 111677 人，瑶人有 41697 人，1998 年泰国的苗人和瑶人人口分别为 125097 人和 44973 人。缅甸苗人主要分布在果敢、东枝、景栋、八莫等地。据贺圣达先生等的介绍，缅甸苗人和瑶人是该国汉藏语系民族中最晚进入缅甸、人口最少的民族，一般估计缅甸苗人数量在 1 万人以上，瑶人估计在数百人到数千人之间。

（5）布朗人—克木人。在缅甸、老挝、泰国分布有被称为"山岛"（Samtao）的布朗人。虽然布朗人并非中越跨境民族，但因为越南也有克木人，而克木人在中国已划归布朗族，老挝境内，1995 年其人口有 500975 人，是老挝的第二大民族，主要居住在琅勃拉邦、乌都姆塞、丰沙里等省，其余分布于沙耶武里、琅南塔、华潘、波里坎赛、万象等省。

越南的克木人主要分布在莱州、义安、山罗等省，1989 年有 4.3 万人。泰国的克木人一部分居住在泰国东北地区，一部分居住在泰国北部。其中，泰国北部的克木人大多居住在难府，其余居住在清莱、南邦、程逸等府，1995 年有 10198 人，1998 年有 13173 人。缅甸的布朗人主要分布在缅甸掸邦境内的中缅交界地区，贺圣达先生等估计 2001 年约 5 万人。泰国的布朗族主要居住于清莱府的湄赛、湄沾等县，施莱辛格统计 1995 年有 1300 人，其中居住在美斯乐的山岛人约 100 人。老挝的布朗人主要分布于琅南塔省和波乔省，1995 年有 2213 人。在云南与中南半岛国家的跨境民族中，还有一些跨三国而居的民族，其中壮、彝等民族为中、越、老跨境民族，佤、傈僳、景颇、德昂等民族为中、缅、泰跨境民族。

（6）壮族。壮族是中国人口最多的少数民族，其在越南对应的族体被划分为五个民族：岱、侬、布标、拉基、山斋。其中，岱人是越南人口最多的少数民族，主要分布于高平、谅山、北太、宣光、河江、安沛、老街等省。越南的侬人主要居住在谅山、高平、北太、河北、河江、老街、宣化、安沛等省，1989 年有 70.5 万人。岱人和侬人关系非常密切，语言和文化习俗基本相同，目前共享由越南政府为其创制的拼音文字方案。越南的布标人居住在河江省，1989 年有 400 余人。越南的拉基人主要分布在河江省。越南的山斋人由高栏人和山子人组成，主要居住在宣光、北太、河北、广宁、安沛、高平、谅山、永富等省，1989 年有 11.4 万人。越南山斋人中的高栏人的语言属越南岱语系统，山子人的语言属广东话中的一种土语。虽然有人持不同意见，但一般认为越南山斋人也是中国壮族在越南对应的族体之一。老挝的央人与中国壮族在历史和文化上有着较为密切的渊源关系，其语言与中国壮族的北部方言较为相似。他们主要居住在丰沙里、乌都姆塞、琅南塔等省，1995 年有 4360 人。

（7）彝族。中国的彝族在越南和老挝被称为倮倮族。越南的倮倮人主要居住在高平的保乐县、河江省的同文县和苗旺县、莱州省的封土县等地，宣光省也有几十人。越南倮倮人的人口在 1989 年时有 3100 人，现在增长至近 5000 人。老挝的俅俅人主要居住在丰沙里省的中老边境地区，琅南塔省的勐醒县、乌都姆塞省的北部也有少量分布，1995 年约有 1407 人。

（8）佤族。佤族主要分布于缅甸与泰国。国内有的著作把佤族列为中国和老挝的跨境民族，有些著作则对老挝到底有没有佤族持怀疑态度。缅甸的佤族主要分布在掸邦第二特区等地，大多居住在山区，塔定、囊秋湖周围、山同、宋嘎洛曼等地是他们的主要聚居区。此外，还有部分佤人居住在勐农和景栋地区的丛林中。

（9）傈僳族。傈僳族的主体在中国，缅甸、泰国也有一定数量的傈僳人。缅甸的傈僳人主要分布在中缅边境的掸邦、克钦邦东部山区及泰缅边境的掸邦东南部地区，据贺圣达先生等估计，2001 年缅甸的傈僳人约有 15 万人。泰国的傈僳人主要分布在清莱府，其余分散居住于清迈、夜丰颂、南邦、帕耀等府。

（10）景颇族。中国的景颇族在缅甸、泰国、印度等地通常被称为克钦族。缅甸的克钦邦和掸邦第三特区是克钦人的主要分布区，是缅甸少数几个人口过百万的民族之一。克钦人于 20 世纪 70 年代才进入泰国，1995 年时居住在清迈府清老县和帕凹县的两个村子，共 370 人。景颇族历史悠久，是我国 55 个少数民族成员中的重要一员，同时又是我国主要的"直过民族"之一，其社会经济发展比较缓慢。在解放以前处于原始社会，而且主要居住在德宏，腾冲、勐海、耿马等县有少量的分布①。从明末清初大规模的迁入之后到新中国成立之前，景颇族主要聚居区德宏的景颇族人口基本处于自然增长的阶段。景颇族各支系在德宏州大致的分布范围是：景颇支系主要分布在盈江（铜壁关乡、卡场乡）、陇川（清平乡）、瑞丽（等嘎村）等地，散居于芒市、梁河、畹町等县市；载瓦支系主要分布于芒市（西山乡、遮放镇、五岔路乡、中山乡）、陇川（邦瓦乡、清平乡）、盈江（盏西乡）、瑞丽（户育乡）等地，部分散居于梁河

---

① 李向前.目瑙斋瓦［M］.德宏：德宏民族出版社，1991.

县和畹町镇（弄弄村、广董村）；浪峨支系主要居于芒市的营盘、猛广、弄龙、引欠、当扫、拱卡及中山乡的部分地区，散居于瑞丽市的南京里村、邦歪村、猛休村、贺共村和盈江县的铜壁关地区；喇期支系主要分布于盈江县的盏西、麻岛、勒期格冬、大盈坡，陇川县的吕良，芒市的中山乡、东山乡、巩令邦国，瑞丽市的南京里、猛力等地区；波拉支主要分布在陇川县的王子树乡，芒市的弯丹村、金龙村。景颇族各支系的分布大多数交错杂居①。景颇族在藏区主要居住在西藏自治区藏南地区罗赫特区和长朗区（印度占领区称其为"阿鲁纳恰尔邦"）；云南省怒江傈僳族自治州主要分布在片马、古浪、岗房一带；另外，还有一部分居住在云南省临沧市耿马县孟定镇、耿马镇、贺派乡等地；居住在西双版纳州的景颇族主要分布在勐海县勐海镇勐翁村；还有极少部分散居在云南省保山腾冲市、云南省普洱市澜沧县、贵州省凯里市、粤港澳等地。境外的景颇族人主要居住在缅甸，少数分布在印度，其中居住在缅甸景颇族的人口主要分布在缅甸伊洛瓦底江、思梅亚江、迈里亚江上游一带的克钦邦、掸邦等地；居住在印度的景颇族（新福族）人口主要分布在阿萨姆邦丁苏吉亚地区，另外在泰国、老挝等国家也有零散村落分布，在世界各地也有零星分布②。

人口规模及其变动是历史和现实中客观存在的一种重要的社会现象，对过去、现实和未来的社会经济的发展和人口再生产过程都具有重要的影响。景颇族的人口规模及其变动受到了自然条件、经济、社会、生产力发展及人口政策等因素的影响，其人口在不断发展和壮大，从人口规模现状来看，景颇族人口大致处于增长型的人口发展阶段。根据2010年第六次人口普查显示，德宏州的景颇族人口已达到了134373人，占全国少数民族人口总数的0.118%。在这里我们主要分析景颇族人口的规模及其变动，以及发展的因素，分析所用的数据是第一、第二、第三、第四、

① 景颇族简史编写组.景颇族简史[M].昆明：云南人民出版社，1983.
② 龚庆进.景颇族[M].北京：民族出版社，1988.

第五、第六次人口普查所得资料。

中华人民共和国成立以来，景颇族人口迅速增长。通过景颇族与全国人口增长的纵向对比，我们不难发现景颇族人口得到了飞快的发展。数据显示，全国第二、第三、第四次人口普查时景颇族人口分别为57762人、92976人、119276人，到第五、第六次人口普查时则分别为130212人、147828人。在1964~2010年的46年间，景颇族人口净增90066人，增长率为155.9%，远高于全国总人口的增长速度。从1953~2010年景颇族的横向对比也可以发现，景颇族人口发展迅速，其增长每一阶段都在100人以上（1964年除外，由于处于特殊时期），其中1964~1982年年平均增长率为339%，1982~1990年达到354%。从1964年以来景颇族人口数量的变化情况看，在1964~2010年的46年时间里，景颇族人口总数突破14万大关，占到全省总人数的0.31%。从总的趋势和影响因素的类别来分析，中华人民共和国成立以来，影响景颇族人口总量增长的主要因素有以下几个方面：

第一，天灾人祸和人为因素造成。无论是全国人口数还是汉族人口数都是逐次增加，而景颇族人口数不仅没有增加，反而大幅度减少。如1964年景颇族人口数比1953年减少了45589人。究其原因，主要有两个方面：第一个方面是1953年第一次人口普查时，中国少数民族的划分、归类尚未统一，景颇族聚居区地处偏远之地，人口的普查还未规范到位；第二个方面是由于在刚刚过去的几年中，整个中华大地经历了一场空前的饥荒和前所未有的自然灾害，因此，景颇族人口变化才出现如此奇怪的大幅度下降。

第二，社会经济的发展，居住环境的改善。中华人民共和国成立至20世纪60年代，景颇族人口增长速度低于汉族，主要是由于景颇族经济文化相对落后于汉族地区，医药水平不发达，导致婴儿死亡率很高，造成自然增长率低。中华人民共和国成立以前，景颇族处于原始社会后期的农村公社，生产力极为落后；中华人民共和国成立至60年代之后，这种贫穷落后的现象得到了根本的改善，经济文化和医疗水平的发展使死亡率大大下降，从而使人口出生率大大上升。

第三，人口年龄结构、性别构成、社会构成（职业构成、文化教育构成、婚姻家庭构成、阶级构成、民族构成和种族构成等）的变化都对人口的增长有重要的影响①。对于景颇族而言，其进入社会主义社会之后，人口的年龄构成和社会构成发生了变化，特别是社会构成发生了翻天覆地的变化，这就在很大程度上影响了其人口的增长。按照人口学家的划分，14岁以下人口占总人口的比重在40%以上，则称之为年轻型人口；若为30%~40%，则称之为成年型人口；若为30%以下，则为老年型人口。如果人口年龄构成为年轻型人口，育龄妇女的比重比较大，人口的出生率就会相应地增加，人口出生率会在今后一段时期内出现逐年上升的趋势。而2010年的六普数据中显示，在分年龄阶段的人口中，14岁以下的人口占总人口的24.43%，超过任何年龄阶段的比重。同样，在景颇族职业构成的变化中，2000年景颇族在第二、第三产业的人口比重约占总人口的10%，到2010年，比重增加到17%左右。从这些指标和数据中我们可以看到，景颇族人口的增长与这些因素有较大的关系。14岁以下的人口占景颇族总人口的比重较大，是人口迅速发展的原因，而景颇族人口职业构成的变化是景颇族人口由飞速发展向稳步发展的主要原因之一。

第四，计划生育政策及政府特殊的民族政策的实施。由于景颇族地处边疆，因此政府在实施计划生育时，相对于汉族聚居区景颇族的计划生育实施得比较晚，在政策要求上相对于汉族聚居区也比较宽松②。在边远或者极少的少数民族有的可以生二胎以上或者不受限制，因此在这些地区生育的执行力远远没有汉族聚居区严格，因此景颇族人口的增长一直高于汉族聚居区和全国平均水平。

第五，农村人口占总人口比重大。景颇族聚居区为我国西南边疆地

---

① 张天路. 中国少数民族人口调查研究[M]. 北京：高等教育出版社，1996.
② 张天路. 民族人口学[M]. 北京：中国人口出版社，1989.

区，与此同时，景颇族又是"直过民族"，因此，从中华人民共和国成立至今，景颇族城市人口占总人口的比重相对较低，绝大部分的人口都居住在农村。这就在一定程度上造成了景颇族人口一直增长。

（三）本族与他族的民族关系

民族关系是不同民族在生产生活中结成的各种关系。云南民族关系是中国民族关系的重要组成部分，是部分和整体的关系。由于云南自身历史发展的特点、云南与祖国内地的互动、云南与周边省区的互动、云南与周边国家的联动、云南民族关系与其他地区的民族关系具有共性，同时也有其个性的特征。整体上可分为友好和谐和矛盾冲突的两种民族关系类型，民族关系和谐、民族关系复杂、汉族与少数民族的关系亲密融洽三大特点，多元一体的和谐共处、内聚中华的亲密关系、相互依存的互补合作格局，这些类型、特点和格局构成了当今云南民族关系的基本特征。

由先秦到清代，生活在云南边境的各族人民在云南复杂的地理环境下，围绕政治隶属、经济贸易、商业往来、文化交流、社会交往、民族融合等方面，开展了广泛和密切的接触和交往，形成了一定的政治、经济、文化、社会等关系，这些构成了云南民族关系的主要内容。在这些关系中包括了国家政权与民族之间的关系、民族政权和民族政权之间的关系、民族与民族之间的关系，以及云南与周边国家之间的关系。由云南民族关系几个层次的发展历史，可把云南民族关系的类型分为友好和谐型民族关系、矛盾冲突型民族关系。但是需要指出的是，云南民族关系的友好和谐与矛盾冲突是相互关联和互为转化的，两者并不是两个极端，也就是说友好和谐中带有矛盾冲突，矛盾冲突中具有友好和谐，矛盾冲突推动民族关系的友好和谐。云南各民族在历史发展中，在政治归属、经济交往、文化交流、社会交际、民族融合等方面的接触中，呈现出友好和谐、相互吸收，又矛盾冲突、相互排斥这样一个辩证的历史运动过程。矛盾冲突也是云南各民族在政治隶属、经济交往、文化交流、社会交际、民族融合等方面的接触中，呈现出来的民族矛盾和冲突、阶级矛盾和冲突，而民族矛盾指的是民族之间的征服战争所造成和产生的冲突和矛盾，以及因民族矛盾产生的反抗民族压迫的斗争，阶级矛盾和冲突是指统治民族对云南各民族的阶级压迫和斗争。

历史上存在军事移民，清初，回族多以军事征战的形式迁入云南，满族在清朝时期移民云南，成为云南新的民族。其主要以军事活动、仕宦、经商等形式移民云南，元明清时期，蒙古族、契丹族、回族、西番族、满族等族移民进入云南，促进了云南民族关系的发展，增进了云南各民族之间的了解和认识。新时期的边境人口流动与历史上的人口流动具有明显的差异，从流动原因来看，主要是以经济因素为主的人口流动，务工经商占边境地区流动人口的90%左右，其次是家属的随迁，和平时期的军事流动人口较少，但是同样面临着流动人口的族群关系问题。从当前的流动人口来看，因为边境地区是一个多民族的聚居地，流动人口与本地居民之间的关系还可能是本民族与其他民族之间的关系。族群与族群关系是当代人类学、社会学、政治学等学科研究的主题。究其原因，是全球化、现代化的发展，使各族群的人群聚居在一起，或者是不同群体的接触更为频繁，族群与其他各种组织和群体交织在一起，构成了复杂的、多元的民族文化；在这种复杂而多元的格局下，族群内部成员的适应、族群之间的协调不仅影响局部地区，甚至可能波及全球范围，从持续半世纪的中东冲突到近来南斯拉夫危机，都说明了族群之间的冲突和协调成为当代国际关系的首要问题。

"族群"一词最早是在20世纪30年代开始使用，被用来描述两个群体文化接触的结果，或者是小规模群体向更大社会中所产生的涵化现象。到第二次世界大战以后，"族群"一词被用来取代英国人的"部族"（Tribe）和"种族"（Race），运用也就更为广泛。族群意指同一社会中共享文化的一群人，尤其是共享同一语言，并且文化和语言能够没有什么变化地代代传承下去。韦伯给族群下过一个定义：族群是指因体质的、习俗的或者对殖民化及移民的记忆认同的相似而对共同的血统拥有主观信仰的群体，这种信仰对非亲属的共同关系具有重要的意义。族群不同于亲属群体。按麦克米兰人类学词典的解释，族群是指一群人或是自成一部分，或是从其他群体分离而成，他们与其他共存的或交往的群体具有不同的特征，这些区分的特征可以是语言的、种族的和文化的。族群这一概念包含着这些群体交互关系和认同的社会过程。许多人类学家、社会学家欣赏这一定义：族群，具体是指在一个较大的文化和社会体系中，具有自身文化特质的一种群体；其中最显著的特质就是这一群体的宗教的、语言的特征，以及其成员或祖先所具有的体质的、民族的、地理的起源。上述的定义都是从群体内部的共同特征出发的，即强调语言、种族和文化等方面的共性特征。美国学者戈登（Godon，2015）从七个方面提出了族群关系的含义，即文化接触、结构性同化、通婚、族群认同、偏见、歧视、价值和权力冲突。

族群的形成与移民有密切的关系。类型不同的文化、相互隔离的单一族群从独立存在进入交融和渗透状态，很大一个原因就是移民。尤其在现代社会，战争、殖民活动越来越少，强迫同化而形成的族群已不多见，移民成了形成新族群的首要原因。移民客观上也促进了文化的交融。号称"民族大熔炉"的美国，从1620年第一批英国清教徒抵达北美，便揭开了美国移民史的序幕。此后，来自世界各地的移民便聚集在美国这个大熔炉里，他们带来的不同背景的各种文化相互撞击、汇合而形成了无数新的族群：美籍墨西哥人、美籍古巴人、美籍华人、美籍日本人、美籍柬埔寨人、美籍印度人、美籍阿拉伯人等。其实，移民是形成族群的主要原因不仅在美国这个移民国家是明显的，就是在其他文明古国中族群的形成也离不开人口的迁移。中国是个多民族、多族群的国家，这与历史上无数次的人口迁移不无关系，费孝通先生认为，现今中华民族的多元一体化格局是由许许多多分散孤立存在的民族单位，经过接触、混杂、联结和融合，同时也有分裂和消亡，形成一个你来我去、我来你去、你中有我、我中有你，而又各具个性的多元统一体。在我国历史上，移民相当频繁，许多族群至今仍有迁移的痕迹，东北人大多来自山东、河北，台湾人大多迁自大陆。各地人对自己的来历还有颇为神奇的说法：北京人、河北人说来自山西洪洞县大槐树，四川人说来自湖北麻城或江西麻城，客家人说自己来自福建宁化石壁寨，苏北人说祖先迁自苏州阊门外。在移民迁徙的过程中，传播了文化，促进了经济的发展，加强了族际的交往。

不仅历史上如此，移民的过程至今亦未停息过。在社会物质生产力高度发达的今天，人口的迁移和集中也更为明显，尤其是经济发达的龙头地区，由于对劳动力的需求量大，便引起人口的迅速迁移，如珠江三角洲地区，据统计 2015 年外来流动人口大约 1000 万人。目前我国国内的流动人口似乎只是个经济问题，其实移民不只是一个单纯的经济行为，也是一个涉及语言、风俗、生活方式等方面的社会行为或文化行为。在文化多元的都市环境中，新移民携带着其文化传统去适应新型的生活方式，因此在有些城市中明显地存在着"浙江村""温州城"等新群体聚居区。在边境地区少数民族自治地方发现，一部分成员是不同民族混合婚姻的后代，这是通过获得主导集团的认同来提高他们的地位。在甘南藏族自治州的临潭县的一个村，40 年前人口是以汉族为主，藏族仅占 30%，现在已变为藏族为主，达 90%，因为藏族是主体民族，有较高的政治地位和政策优惠，其他民族通过与藏族通婚来改变其民族成分。中国自古以来就是多民族、多族群活动的区域。从先秦至明清，历代统治者面对多民族的情况都制定了相关政策和采用过相应的措施。这些既是中国宝贵的遗产，也是当代民族政策制定的基础。这些民族政策既反映了历代人对民族和民族关系的理念，也成为中华民族多元一体形成的根基。

（1）中国古代民族政策特点。历代王朝的统治者为了维护和巩固其统治地位，必须协调和处理好各民族之间的关系，尤其是统治民族与被统治民族之间的关系，制定了相应的政策。虽然各王朝制定的民族政策各有特色，但是总体上看，中国古代的民族政策具有如下共同的特点：①开拓性。即民族政策为开疆拓土服务。统一是中国历史发展的主流，自秦始皇统一开始，每一个王朝在处理边疆少数民族的关系问题上，无不奉行开疆拓土的民族政策。在开疆拓土的过程中，越来越多的民族容纳到中央王朝的统治下。如秦时统一岭南、南越诸族成为其臣民。由于各民族之间在政治、经济和文化上是极不平衡的，王朝统治者为了巩固和扩大版图，对被征服或臣服的民族不得不实行优待照顾的安抚政策。如秦汉与匈奴的"和亲"、唐与吐蕃的"和亲"就是例子。②羁縻性①。民族政策中体现"以夷治夷"，给予少数民族一定自主权的特点。即在少数民族所在地划分地域，设立特殊的行政单位，任命少数民族首领为"土官土吏"，政治上隶属中央王朝，经济上有朝贡的义务，其余一切事务由少数民族首领自己管理。秦汉时在少数民族地区设立"道"或"属国"，南朝时设立"左郡""左县"，唐宋时设立"羁縻州"，元明清时建立"土司制度"。③同化性。即民族政策体现了使少数民族汉化的特点。在中国民族史上最突出的现象，就是不断有少数民族被汉族同化，代复一代、朝复一朝，使汉族像滚雪球一样，越滚越大，使汉族成为中国乃至世界人口最多的一个民族。历代汉族统治者都制定了同化政策，如自汉朝以来的"编户齐民"政策，就是把被征服或臣服的少数民族直接编为郡县的编户。有意思的是，入主中原的少数民族统治者也积极推行同化政策，强迫本民族汉化。他们推行一系列的政策，如讲汉话、写汉字、习汉俗等，向汉族经济生活靠拢。

　　（2）中华民国时期的民族政策。中华民国处于中国社会的转型期，

---

①　羁縻州是指中国古代朝廷在边远少数民族地区所置之州。因情况特殊，因其俗以为治，有别于一般州县。相当于现在的自治区。"羁縻政策"源自唐宋，元朝完善成土司制度，明朝时期达到鼎盛，中后期开始崩溃，至清朝基本改土归流完毕，是中央王朝笼络少数民族使之不生异心而实行的一种地方统治政策，通过这种政策，处理中央与地方少数民族聚居的关系，以维系中央集权制度的统治。

即从近代走向现代，从殖民地半封建社会走向国家独立的时期。这也是社会动荡不安时期，经历了辛亥革命的成功与中华民国的建立、北洋军阀混战、抗日战争、解放战争等。不论怎样动荡，掌握了政权的统治者都制定了解决民族问题的纲领和民族政策。从整体上看，中华民国时期的民族政策具有如下特征：①规范性。与历代的民族政策相比具有法律性、法规性和配套性的特征。首先，在宪法上承认民族的平等地位。其次，除了在根本大法里规定民族政策的基本原则外，更多地以法规的形式颁布具体的政令。最后，制定配套的与民族相关的法令和法规，如针对选举、自治、组织、教育、宗教、交通、经济等方面制定专门的法规。②自治性。即民族政策中在统一的前提下，以"民族自治"为基本政策的特征。中华民国时期实行民族自治政策是历代"羁縻政策"的延续，最重要的是保障民族地区业已存在的社会制度和组织。③实业性。即在民族政策中突出经济、文化的内容。无论是孙中山的三民主义的民族政策，还是国民党的边疆政策，与历代的民族政策相比，更多地注意到了少数民族地区经济文化建设问题。孙中山的实业计划相当一部分是在民族地区实施的。国民党以民生主义出发，提出了一系列发展边疆民族地区经济文化的方针和政策，以此"改善其生活，扶植其文化，以确立其自治之基础"。

（3）当代的民族政策特征。中华人民共和国成立后，遵循马克思主义的民族理论，吸纳了传统民族政策的精华，结合当代中国民族问题的实际制定了以民族平等和民族团结为基础的一系列政策，包括制定民族地区的民主改革、民族识别、民族立法、民族区域自治、保障散居少数民族权利，以及民族干部、统战、经济、教育、人口、文化、语言文字、宗教信仰等政策。这些民族政策可以概括为如下特征：①平等性。虽然资产阶级提出了民族平等的口号，中华民国时期也提出民族平等，但真正意义上的民族平等是在中华人民共和国成立后才实现。在《中华人民共和国宪法》第一章总纲中规定了"中华人民共和国各民族一律平等"，并明确指出，无产阶级掌握政权后，不仅要遵循形式上的民族平等，而且要采取措施照顾、帮助，直至牺牲自己的某些利益去保证和实现少数民族在事实上的平等，确立了民族区域自治政策和帮助少数民族地区加速经济和文化的发展的指导思想，在各项政策中充分地体现了对少数民族的照顾和帮助。②团结性。与民族平等一样，民族团结也是我国处理民族问题的一项根本原则。民族团结就是指各民族间和各民族内部在共同利益基础上和共同的革命斗争中结成的和睦相处、友好关系。在《中华人民共和国宪法》中也规定了"禁止任何民族的歧视和压迫，禁止破坏民族团结和制造民族分裂的行为"。同时强调民族互助，即各民族之间的合作和相互帮助，尤其是先进民族对后进民族的支援和帮助，以促进各民族的共同繁荣、进步和发展。③自治性。即在民族政策中实行民族自主原则的特点。民族自治就是在不侵犯其他民族权利的条件下，各民族有权自己决定自己的命运，有权处理自己的事情。我国选择了民族区域自治的形式来实现民族自治。费孝通先生在1988年提出了著名的"中华民族多元一体格局理论"。中华民族是一体，所包含的50多个民族单位是多元。这一格局的形成"是由许许多多分散孤立存在的民族单位，经过接触、混杂、联结和融合，同时也有分裂和消亡，形成一个你来我去、我来你去，我中有你、你中有我，而又各具个性的多元统一体"。这个多元一体格局有一个凝聚的核心，就是华夏族团和后来的汉族，汉人在少数民族地区形成了一个点线结合、东密西疏的网络格局，这个网络正是多元一体格局的骨架。费孝通先生的理论是将马克思主义的民族理论与中国具体情况相结合，对中国各民族交往和融合过程的概括和总结，归纳了中华民族形成、发展历史的基本轨迹。这一理论成为我们理解当代民族和族群关系的一把钥匙。当代的民族理论和民族政策对处理中国境内的民族与族群关系有着重要的实践意义。

新时期的民族关系与历史上的民族关系形成原因具有较大的不同，当前云南边境地区人口流动主要受经济因素的吸引，边境地区少数民族流动人口在经济发展引力作用下也不断地迁移流动，流动人口的民族构成复杂。2016年云南省流动人口动态监测调查数据显示，边境地区少数民族人口流动较为常见，涉及的民族有蒙古族、满族、回族、壮族、苗族、彝族等十多个民族，云南边境地区流动人口的民族构成如表3-1所示。

表3-1　云南边境地区流动人口的民族构成

民族	非边境县市		边境县市		合计	
	（频数：人）	（百分比：%）	（频数：人）	（百分比：%）	（频数：人）	（百分比：%）
汉族	3235	82.93	593	75.45	3828	81.67
蒙古族	1	0.03	1	0.13	2	0.04
满族	7	0.18	2	0.25	9	0.19
回族	73	1.87	5	0.64	78	1.66
壮族	21	0.54	11	1.4	32	0.68
维吾尔族	1	0.03	0	0	1	0.02
苗族	57	1.46	12	1.53	69	1.47
彝族	219	5.61	43	5.47	262	5.59
土家族	4	0.1	1	0.13	5	0.11
布依族	12	0.31	1	0.13	13	0.28
侗族	3	0.08	2	0.25	5	0.11
瑶族	0	0	1	0.13	1	0.02
白族	91	2.33	18	2.29	109	2.33
哈尼族	102	2.61	63	8.02	165	3.52
黎族	3	0.08	0	0	3	0.06
傣族	19	0.49	17	2.16	36	0.77
其他	53	1.36	16	2.04	69	1.47
总计	3901	100	786	100	4687	100

从表3-1可以看出，云南边境地区少数民族流动人口的比例比云南省流动人口总体中的少数民族比例较高，而汉族流动人口比例明显比边

境地区的比例低，由此可知边境地区流动人口具有较强的民族性，不同民族的人口流动聚居在一起工作生活，如何处理好民族关系就显得格外重要。为此，本书选取了流动人口的居住、交友、工作和通婚圈中的族际关系进行分析，然后对流动人口族际关系的影响因素进行回归分析。

二、族际关系的具体表现

（一）居住圈中的族际关系

流动人口中的居住空间格局形成的邻居关系融洽程度是衡量民族关系的一个重要指标。在此次调查中，笔者将其作为度量民族关系的一个重要变量，对流动人口的居住意愿进行调查，具体调查了流动人口对邻居选择是否具有民族偏好，结果如表3-2所示。

表 3-2　流动人口邻居民族选择意愿　　　　　　单位：人

被调查者民族	邻居民族						
	藏族	汉族	回族	白族	纳西族	其他民族	无所谓
藏族	220	59	5	3	7	1	74
汉族	95	289	9	10	8	3	253
回族	2	2	20	2	0	0	20
白族	21	22	3	47	5	0	56
纳西族	4	5	0	0	6	0	12
其他民族	2	6	0	1	4	2	18

从表3-2可以看到，不论是汉族还是少数民族对邻居民族选择都有明显的族内倾向性。矩阵对角线表示愿意选择同民族为邻居的人数，该对角

线上的人数从行和列来看都是相对较多的，而对角线两侧则表示没有本民族居住趋向意愿的人数，这部分人相对较少。从表3-2还可以看出，云南边境地区流动人口中白族、回族和纳西族对邻居的族别要求不是太高。通过邻居民族的选择可以发现不同民族之间的关系。如果某一族群成员不愿意以另一族群为邻居，那么在一定程度上可以认为这两个民族之间的关系存在一定的不融洽性，反之，则可以认为两个民族的关系相对融洽。

（二）交友圈中的族际关系

在考察生活中的民族关系时，笔者主要从两个方面着手：一是调查流动人口除本民族外，他们的朋友中哪个民族最多，二是考察流动人口在生活中得到哪个民族的朋友帮助最多。从表3-3可以看出，除本民族外，不同民族的朋友圈有一定的差异，如藏族的朋友圈中最多的是汉族，汉族的朋友圈中最多的是藏族，回族的朋友圈中最多的是藏族，白族的朋友圈中比例最高的是汉族，其次是藏族，纳西族的朋友圈中最多的是汉族，藏族和汉族的比例相差不大。从这些现象我们可以看出，在云南边境地区，流动人口的族际关系主要以汉族和藏族为中心，他们的朋友圈中，除了本民族以外最多的就是汉族或藏族，这可能与该地区的主体民族是藏族，而汉族是最多的流动人口有关。从这些统计数据背后也可以发现，汉族与藏族、回族、白族、纳西族等民族之间的关系比这些民族与其他民族之间的交友数量都比较多，侧面反映出汉族更能与其他民族相处与交往，这与汉族在流动人口中比例较高有很大的关联性。

表3-3　云南边境地区流动人口的朋友圈　　　　　　单位：%

被调查者民族	除本民族外，哪个民族的朋友最多					
	藏族	汉族	回族	白族	纳西族	其他民族
藏族		67.86	1.79	0.89	0.6	28.86

被调查者民族	除本民族外，哪个民族的朋友最多					
	藏族	汉族	回族	白族	纳西族	其他民族
汉族	54.86		2.66	1.88	1.1	39.5
回族	57.78	20		4.44	0	17.78
白族	27.5	49.18	2.5		0	20.73
纳西族	31.82	40.91	0	0		27.27
其他民族	36.67	40	3.33	6.67	10	3.33
被调查者民族	哪个民族的朋友帮助自己最多					
	藏族	汉族	回族	白族	纳西族	其他民族
藏族	66.27	29.25	1.79	0.9	0.3	1.49
汉族	34.75	59.12	3.14	0.31	0.16	2.52
回族	26.67	15.56	44.44	0	0	13.33
白族	10.69	27.12	0.85	57.88	0	3.46
纳西族	13.27	18.37	9.09	10.12	40.91	8.78
其他民族	22.58	41.94	3.23	6.45	3.23	22.57

从流动人口自己平时得到朋友帮助的情况来看，个人社交的"差序格局"在同民族之间也得到集中的体现，即每个民族得到的帮助主要来自于本民族，而其他民族的帮助相对较少，其中藏族最为明显，达到66.3%，汉族和白族的比例相当，纳西族得到同民族帮助的比例最低。流动人口平时的交往圈决定了获得帮助的范围，个人社交的"差序格局"决定了流动的各民族获得帮助主要来自于同一民族内部；在本民族内获得的帮助越多，反过来又促使了本民族之间的交往更加密切，交往和获得帮助是一个互动的过程。

（三）经济圈中的族际关系

经济活动是人类活动的主要内容之一，人们在经济活动中容易形成比较稳定的利益关系，而在笔者的调研中也同样发现边境地区流动人口的主要目的就是获取经济利益。通过对边境地区流动人口的调查发现，除了回族和纳西族之外，各民族成员在选择合作伙伴时主要以本民族为主。究其原因，主要与本民族交流方便、文化趋同、成员之间长期以来形成互补的行业链有较大的关系。在笔者的访谈中发现，最主要的原因还是同民族之间来源地比较靠近，大家从事的行业相近或互补，成员之间比较了解，容易构建彼此之间的诚信体系。

从表3-4可以看出，不同民族的经济活动也会影响到民族的日常交往与互动，包括经济活动的内容、生产方式等方面的差异都会在一定程度上从民族关系中折射出来。值得注意的是，回族、纳西族以本民族为生意合伙人的比例较低，而以汉族和藏族为合伙人的比例较高；汉族与藏族除了与本民族合伙之外，两者选择与其他民族为合伙人的比例远远高于其他民族，其中汉族总体比例最高。出现以上现象可能与该地区流动人口的民族构成有很大的关系，也可能与他们从事的行业有很大的关系，也有可能与本民族同行竞争有关。在笔者的调查中也发现，汉族从事的行业比较广泛，涉及当地生活的各方面；而回族、纳西族主要以餐饮为主；白族主要以藏房装修、金银首饰加工、蔬菜和日用品销售为主；藏族则从事服务业、寺院绘工、住宿餐饮、建筑等行业，行业的分化客观上决定了生意合作伙伴的选择范围。

表3-4 云南边境地区流动人口经济圈　　　　单位：%

被调查者民族	生意、事业合作伙伴民族					
	藏族	汉族	回族	白族	纳西族	其他民族
藏族	55.34	39.89	1.69	1.69	1.12	0.28
汉族	31.85	60.83	2.73	2.44	1.72	0.43
回族	25.58	51.16	18.60	2.33	0.00	2.33
白族	27.61	23.31	2.45	39.26	4.91	2.45
纳西族	19.23	53.85	3.85	3.85	19.23	0.00
其他民族	28.95	47.37	2.63	7.89	7.89	5.26

（四）族际通婚态度

古代"通婚"亦作"通昏"，主要是因为男方去女方家迎亲的时候均在夜里进行，所以叫通昏，《仪礼·士婚礼》谓"婚礼下达"。"姻"做"因"，意思是"关系"，是指由婚姻结合而成的社会关系。《礼记·昏义》称"婚礼者将合二姓之好，上以事宗庙，下以继后世也"[①]。我国著名社会学家费孝通在《生育制度》中提及婚姻的概念：男女相约共同担负抚育他们所生孩子的责任就是婚姻。费先生认为，婚姻不是两个异性个体间的私事，也不仅仅是两性的关系，婚姻更多的是社会方面的属性，婚姻要受到社会规范的限制与约束，其用意就在于维持长期的夫妇关系，以满足抚育子女的必需条件[②]。在日常生活中，我们经常听到或谈论的不是"通婚"，而是"结婚"，"结婚"一般指两个个体之间婚姻的缔结过程，是就微观而言，而"通婚"是特指两个家庭尤其是两个群体之间出现婚姻缔结的现象。没有个体的结婚事件就不可能出现就群体而言的通婚现象，两个群体间的通婚现象正是通过个体的结婚事件表现出来的。由于人的本质属性是社会性，人总是处在一定社会关系网络中的人，一个心智健全的人只能以群体的形式生存并发展着。因此，在出现个体结婚的同时，也必然会出现这两个个体所属的群体间的通婚现象。随着人口流动距离和范围的逐渐扩大，西部少数民族也有相当一部分向沿海发达地区流动，少数民族在流动过程中和汉族或其他少数民族交往日益频繁，促进了族际通婚现象的增加。但不同的民族对族际通婚持有不同的观点和态度，导致族际通婚的民族差异明显。

尽管族际通婚现象随着时代的发展而增加，但是各个民族的族内婚仍然占据主导地位。从表3-5可以看出，不管是汉族还是少数民族，均

① 汤兆云. 人口社会学[M]. 武汉：华中科技大学出版社，2010：169.
② 费孝通. 生育制度[M]. 北京：商务印书馆，1999：69-84.

以族内婚为主，丈夫和妻子的民族类别相同的频数是最多的。经过检验后发现，不同民族的族际通婚是存在显著差别的。藏族、汉族和白族的族内婚比例明显高于纳西族和回族，这可以反映出不同民族之间的族际通婚情况。

表 3-5　流动人口的族际通婚状况　　　　单位：人, %

被调查者民族	配偶民族							族内婚比例
	藏族	汉族	回族	白族	纳西族	其他民族	合计	
藏族	215	26	1	0	3	2	247	87.04
汉族	32	430	5	11	3	3	484	88.84
回族	0	7	27	2	0	2	38	71.05
白族	0	12	0	99	3	0	114	86.84
纳西族	3	4	0	1	6	0	14	42.86
其他民族	3	6	1	1	0	14	25	56
合计	253	485	34	114	15	21	922	

注：Pearson chi2(25) = 2.3e+03，Pr = 0.000。

　　以上是从客观的通婚行为进行族际通婚的分析，下面将从主观评价方面进行通婚态度的分析，不同民族对族际通婚所持的观点和态度如图 3-1 所示。

　　从图 3-1 中可以发现一个明显的特点，不论汉族还是少数民族对族际通婚都很赞成，或者说无所谓，而持反对态度的比例都非常低。相比较而言，藏族反对的人数较多，而纳西族基本没有人对族际通婚进行反对。虽然各个民族对族际通婚的态度存在差别，但是差别并不显著，每个民族对族际通婚都不会强烈反对，这不仅可以促进通婚圈的扩展，也会使人们的社会交往圈子扩大，突破了以往仅仅在本族内通婚的现象。族际通婚的扩展还可以促进后代遗传素质的提高，降低出生婴儿缺陷率，对提高国民身体素质起着十分重要的作用。但我们也必须注意到通婚圈扩展带来的弊端，如风俗习惯差异、语言使用障碍、饮食口味、婚后两

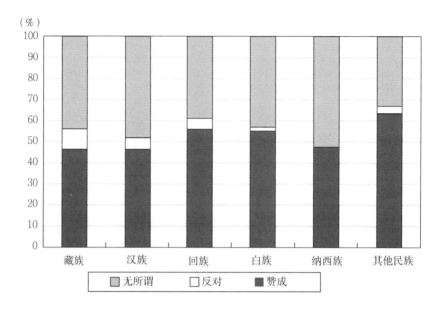

图 3-1　分民族的流动人口族际通婚态度

注：Pearson chi2(10)＝18.4069，Pr＝0.048。

个"母家庭"① 及"子家庭"与"母家庭"之间的互动成本加大等。

（五）流动人口的来源地分布

流动人口的来源地分布比较广泛，涵盖大陆 24 个省（直辖市、自治区），分别是四川省、西藏自治区、云南省、安徽省、福建省、甘肃省等。

流动人口的来源地空间分布随地理距离的增加而衰减，即距离滇川藏毗连区域越远的省区，流入此地的人口越少。流入滇川藏毗连藏区的流动人口主要是邻近的几个省区，这除了地理距离的临近性，还有一个重要的因素是文化的同质性，这样就会减少流动过程中的社会关系调适

---

① 笔者注，"母家庭"指丈夫父母所在的家庭和妻子亲父母所在家庭。相应地，将夫妻（和孩子）组成的小家庭叫"子家庭"。

成本，可以相对容易地融入当地的生产与生活之中。流动人口的来源地空间呈三个层次：第一圈层是与调查区域直接邻接的三个省区。四川省是该区域流动人口的主要来源地，共 370 人，占有效样本（1200）的 30.83%，其次是云南省，共 269 人，占流动人口的比例为 22.41%，第三位是西藏自治区，共 265 人，占样本的 22.08%，三省区合计占总样本的 3/4。第二圈层是与滇川藏相距很近的省（直辖市、自治区），分别是湖南省、重庆市、甘肃省，来源于上述省市的比例分别为 4.8%、3.41%、3.25%。第三圈层是陕西省和河南省，但其比例已经明显降低，分别为 2.1% 和 1.67%。而其他省（直辖市、自治区）的比例就更少，还不到 1%。

（六）家庭民族结构

中国自古以来，不同民族间的通婚现象就存在。改革开放以来，中国逐渐建立并完善社会主义市场经济，在市场经济体制下，实现了包括人力资源在内的资源优化配置，人们可以相对自由地迁徙流动。大规模的人口迁移流动促进了人们社会交往圈子的扩大，而且当前中国正处于流动人口代际转变的关键时期。国家卫计委流动人口司的流动人口动态监测数据显示，2011 年新生代（1980 年及以后出生）流动人口的比例为 49.52%，2012 年正处于新老两代流动人口代际结构转变的关键时点，两代流动人口基本持平，2013 年新生代流动人口已经占据主流，超过老一代。在 16～59 岁的劳动年龄流动人口中，51.4% 属于新生代，其中 14.5% 属于"90 后"的新生代流动人口[①]。可以肯定，将来会有更多的新生代流动人口，他们正处于生命历程中婚恋和生育的黄金时期。2013 年流动人口动态监测数据显示，16～59 岁流动人口中未婚群体的比例为

---

① 据国家卫生与计划生育委员会流动人口司 2011 年、2013 年流动人口动态监测调查数据集计算整理。

21.8%。在未婚群体中，主要以新生代为主，1980年前出生一代的流动人口未婚比例仅为1.9%，而"80后"的新生代流动人口未婚比例为38.7%。人口迁移流动必然会对流动人口的婚恋观念和行为造成重要的影响，他们不仅有了和其他地方的流动人口恋爱和结婚的机会，也有了同流入地人口婚嫁的机会。人口迁移流动促进了人们社会关系网络的拓展，也可以促进不同民族之间的交流，不同民族在长期的交往过程中就会导致族际间的通婚现象日益普遍。由于族际通婚的增加，相应的家庭民族结构也会趋于复杂，出现了双民族家庭或者多民族家庭，此次调查结果的流动人口家庭民族结构如表3-6所示。

表3-6　分民族的流动人口家庭民族结构　　　　单位：%

被调查者民族	家庭民族构成		
	单一民族	两个民族	多民族
藏族	85.97	12.84	1.19
汉族	92.07	7.3	0.63
回族	81.82	18.18	0
白族	82.2	14.41	3.39
纳西族	68.18	22.73	9.09
其他民族	60.61	27.27	12.12
总计	87.65	10.83	1.52

注：Pearson chi2(10) = 68.4609，Pr = 0.000。

从表3-6可以看出，不同民族的家庭民族结构具有显著的差别，这主要与各民族的通婚态度有关，有的民族非常反对与外族通婚，他们担心混入别族的血缘，也有一部分民族担心结婚后不同民族的宗教信仰差异难以协调。从调查的结果来看，流动人口的家庭以单一民族为主（占样本的87.65%），两个民族的家庭占11%，而多民族的家庭比例不到2%。但是分民族来看，差异非常显著，汉族的单一民族家庭明显高于其他少数民族，两个民族的家庭主要是少数民族，如纳西族和白族，多民族家庭中纳西族所占的比例比较突出（见图3-2）。

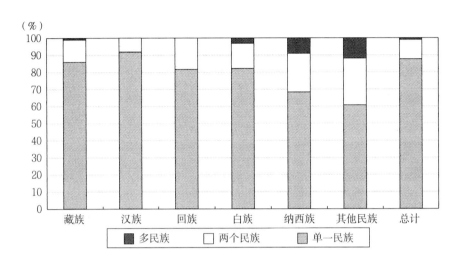

图 3-2　藏区流动人口的家庭民族结构

（七）受教育程度

受教育程度是人力资本的一个重要方面，它影响着个人的社会选择机会。流动人口外出以经济原因为主，在流入地谋取一份待遇丰厚的工作是流动人口最主要的期望。如果在流入地没有找到一份工作，连基本的生存都难以维持。在找工作的过程中，他们的受教育程度明显起着关键的作用。

一般来说，受教育程度越高的人，他们的职业期望相应也会越高，尽管在城市存在失业的风险，但是城市的预期收入仍然比较高。流动人口的受教育程度如图3-3所示，从图中可以看出一个明显的特征，即随着年龄的增长，小学及以下人群所占的比例迅速升高，20岁及以下的流动人口中，小学及以下的比例不到10%，21~30岁、31~40岁的比例相当，在27%左右，40岁以上的比例高达30%以上。而受过大专及以上教育的比例随着年龄增大迅速递减。20 岁及以下的流动人口中，大专及以上的比例在 30% 左右，21~30 岁为 26%，31~40 岁为 18.5% 左右，40 岁以上的比例只有 16% 以上，随着年龄的增加呈明显的递减特征。从人力资本的角度来看，年龄偏大的流动人口在外出过程中寻找工作的难度比年轻人要大，这是值得我们关注的一个问题。

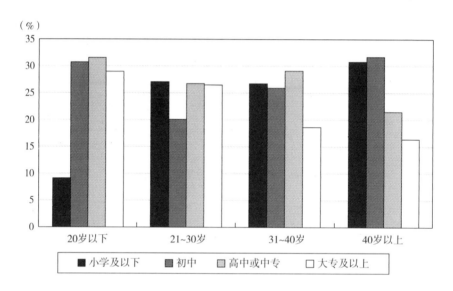

图 3-3　分年龄的流动人口受教育程度

注：Pearson chi2(9) = 40.2375，Pr = 0.000。

（八）职业结构

在调查中，笔者将流动人口的职业分为工人、农民、公务员、教师、医生、务工、经商和其他八类（见表 3-7）。总体上来看，流动人口以务工或经商为主，经商比例占样本的 29.19%，务工占 22.06%，两者合计超过了流动人口样本的一半。由此可以看出，流动人口的职业聚集性特征非常明显，而从事教师、医生、公务员的比例非常低。值得注意的是，有相当一部分群体，尽管他们从农村流动出来，但是他们的职业没有向上流动，也就是说他们只是在地理空间上流动，并没有发生社会性的流动。他们出来以后仍然是做农民的工作，这一部分流动人口（农民职业的流动人口）占了样本的15.18%。由此可以看出，目前还有很大一部分流动人口的职业并没有发生流动，这主要与西部地区的流动特征有关，多数是就近转移，与"离土不离乡"不同，而是"离乡不离土"，尽管离开了家乡，但还从事着农业的生产。

表3-7　分民族的流动人口职业结构　　　　　单位：%

职业类别	民族						合计
	藏族	汉族	回族	白族	纳西族	其他民族	
工人	29.13	38.13	26.67	14.05	59.09	67.74	33.89
农民	13.81	12.81	11.11	35.54	9.09	9.68	15.18
公务员	21.32	2.97	4.44	1.65	0	12.9	8.22
教师	11.11	2.5	0	0	0	3.23	4.53
医生	4.8	1.88	0	0	0	0	2.35
经商	6.91	36.88	55.56	46.28	27.27	6.45	29.19
其他	12.91	4.84	2.22	2.48	4.55	0	6.63
总计	100	100	100	100	100	100	100

注：Pearson chi2(35) = 376.8960，Pr = 0.000。

分民族来看，经过 Pearson 卡方检验发现，不同民族之间的职业差异非常显著。藏族从事公务员的比例最高（21.32%），这主要与该区域的藏族聚居有关，很多藏族都是在这里出生长大。汉族、回族、白族主要从事经商工作，而纳西族和其他民族主要是务工。不同民族之间的职业差异很明显。

（九）宗教信仰

宗教信仰是一种意识形态，它作为一种精神风俗，是极其复杂的，与人类的生产、生活、工作和学习等各个方面有着千丝万缕的联系。不同的民族可能信奉不同的宗教，如回族信仰伊斯兰教，具有严格的宗教意义。宗教信仰多属原始宗教的自然崇拜和祖先崇拜，信奉万物有灵，同时又受道教、佛教的影响，使多种信仰交融并存，并形成了崇拜—祭祀—禁忌的信仰风格。许多少数民族地区至今仍保存各种寺庙，如大王庙、土地庙、龙王庙、观音庙等，供奉各路神仙，壮族、侗族等一些民族还在家里设神龛，供奉祖先。每遇上久旱未雨，便要到龙王庙祭拜龙王爷早日普降甘雨；村里或家里有异样事情发生，都要求神问鬼，举行宗教仪式活动；青年人谈婚论嫁，要先请算命先生算命合婚，择吉日良辰婚嫁。

流动人口的宗教信仰结构如图3-4所示，从图中可以看出，不同民族的宗教信仰确实存在极大的差异。就总体而言，流动人口中大约有一半（47.55%）的人群没有宗教信仰，在有宗教信仰的流动人口中，主要信奉佛教，占流动人口样本的45.92%（占有宗教信仰流动人口的86%），其次是伊斯兰教，占流动人口样本的3.7%，信奉基督教和其他宗教的比例均在1.5%左右。分民族来看，藏族不信教的比例很低，而其他民族的流动人口不信教的比例较高，汉族不信教的比例最高。藏族主要信仰佛教，回族主要信奉伊斯兰教，汉族、白族、纳西族和其他民族信奉佛教的比例也较高。

（十）婚姻状况

当前我国正处于流动人口代际更替的关键时刻。即新生代流动人口

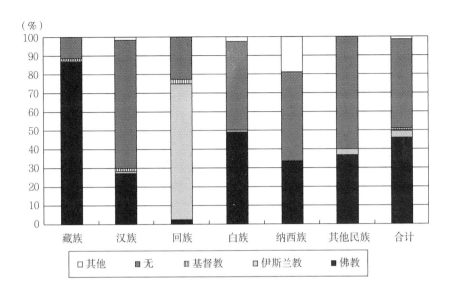

图 3-4　分民族的流动人口宗教信仰情况

注：Pearson chi2（20）= 986.7115，Pr = 0.000。

占总流动人口的比例逐渐越过老生代，成为流动人口的中坚力量。新生代与老生代在各方面都可能存在着一定的差别，其中的婚姻和生育就是一个主要的方面。老生代流动人口曾经主要是从事农业的生产活动，而且大多是已婚（或结束生育）之后才流动，随着 20 世纪 80 年代家庭承包到户以后，同时随着市场经济的发展，城市就业机会增多才逐渐游离出来。在市场起着资源配置的基础作用之下，出现了农村人口向城市流动，并且规模逐年迅速递增。而新生代流动人口与老生代有着明显的差别，他们不是从农业中脱离出来，相当一部分是从学校毕业出来就直接流入城市谋求发展，他们大多还没有进入或即将进入婚育的生命历程阶段。

从此次调查结果来看，新生代（年龄大约在 30 岁及以下）与老生代的流动人口婚姻特征差别也十分显著。流动人口总体的婚姻情况是，已婚占 66.58%，未婚占 30.55%，离婚、丧偶和再婚比例都很低，不到 3%。但不同年龄（代际）之间差异非常明显，老生代流动人口的已婚比例非常高，新生代流动人口的未婚比例较高，尤其是 20~30 岁的新生代流动人口未婚比例更高（见表 3-8）。

表 3-8　分年龄新生代与老生代流动人口婚姻状况比较　　单位：%

婚姻状况	新生代（1980 年后）			老生代（1980 年前）			总计
	20 岁以下	20~30 岁	合计	31~40 岁	40 岁以上	合计	
已婚	0.13	28.9	29.03	45.63	25.35	70.98	66.58
未婚	29.01	63.26	92.27	6.91	0.83	7.74	30.55
离异	6.67	26.67	33.34	40	26.67	66.67	1.27
丧偶	15.38	0	15.38	38.46	46.15	84.61	1.1
再婚	0	0	0	50	50	100	0.51

注：Pearson chi2(12) = 512.4585，Pr = 0.000。

三、流动人口的社会关系

马克思指出，"人的本质属性是一切社会关系的总和"，人们在社会中形成的人与人之间的关系就是社会关系。从关系的主体类型来讲，社会关系包括个人之间的关系、个人与群体之间的关系、个人与国家之间的关系；从关系发生的领域来看，社会关系的涉及面众多，主要有经济关系、政治关系、法律关系。经济关系是社会关系中最重要的一种关系，即人们在生产、分配、消费、交换等经济活动中所形成的人际关系。流动人口在迁移流动过程中，不管是居住场所的变更还是职业的升迁或平移，对其社会关系都会产生重大的影响。这里主要从流动人口的经济、婚姻家庭、语言使用和日常交往等几个主要方面来分析流动人口的社会关系及其特征。

（一）流动人口与本地员工的关系

就流动人口总体而言，他们与本地员工的关系还是很好的，他们认为自己与本地员工关系很好的比例为 30.5%，认为比较好的比例为39.3%，认为关系一般的比例为 29.4%，而认为关系不好的比例还不到1%（见表 3-9）。

表 3-9　分职业的流动人口与本地员工关系　　　　　　单位：%

关系	职业类别								总计
	工人	农民	公务员	教师	医生	务工	经商	其他	
很好	32.9	28.3	25	33.3	30.8	34.9	27	36.4	30.5
比较好	51.3	28.3	46.43	50	53.9	40.8	36.3	36.4	39.3
一般	15.8	41.3	28.57	16.7	15.8	23.7	36.3	24.2	29.4
不好	0	2.17	0	0	0	0.66	0.49	3.03	0.81

注：Pearson chi2(21) = 32.5174，Pr = 0.052。

但是从不同职业的流动人口来看，他们认为与本地员工的关系存在一定的差异。务工和从事其他工作的流动人口认为与本地员工的关系很好的比例明显高于其他职业，比如农民和公务员，而认为关系比较好的流动人口的职业主要是教师、医生和工人，从事经商的流动人口认为关系一般，认为与本地员工关系最不好的是农民。因此，我们必须关注那些从老家流动出来仍然从事农业生产的流动人口与本地员工的社会关系。导致此现象的原因可能是，流动人口的职业期望没有得到满足，他们曾经就从事农业生产，想获得在职业方面的向上流动以提高收入水平，可是由于文化素质低的限制，一部分流动人口只能继续从事农业生产，心理职业期望没有得到满足，而把怨气转移到本地员工身上。

（二）民族语言使用情况

语言是人与人交流中不可缺少的重要工具，它既是一门文字，又是一门艺术。在我们的衣食住行中，没有一样是离得开语言的沟通与表达的。就广义的语言而言，还包括肢体语言。但本书中仅指用语言或文字表达的语言，没有包括肢体语言在内的狭义上的语言。随着现代化的发展，我国的民族语言也受到了一定的冲击，有些民族语言由于年轻一代（"80 后"和"90 后"一代）的成长环境主要不是在老家，而是在学校和现代化的大城市中，他们使用本民族语言的频率远远低于祖辈和父辈，很多年轻人已经不会使用（或没有完全掌握）本民族的语言，有些民族的语言在发展过程中已经出现了失去书面语而仅保留口头语的语言流逝现象，这是应该值得关注的一个重要问题，毕竟民族语言也是中国文化的精髓和灵魂之一。

随着人口迁移流动和族际通婚的发展，不同民族杂居的现象越来越明显，但是不同民族往往使用不同的语言。流动人口从非民族地区流入民族地区，一个主要的障碍就是语言，因为少数民族在日常交往中一般使用的是本民族的语言，而很少使用普通话或其他民族的语言，即便他们讲普通话，很多词语发音不准也听不清楚，这就加大了流动人口的社会融合难度。这方面国际上有比较先进的经验供我们参考学习。德国在引进外籍劳动力的时候，把语言培训作为一个主攻项目，他们的具体措施包括：一是开办语言班。外来移民要进入德国的劳动力市场，首先要过语言关。因此，联邦政府认识到要想使外来移民成为一个合格的劳动力，必须帮助外来移民克服语言障碍。联邦政府从 2005 年开始，每年提供 2.1 亿欧元，截至目前共投入 13 亿欧元的资金，专门用于广泛开办的语言班。国内流动人口虽然和德国外籍劳动力引进有本质的差别，但是对我们解决不同民族的流动人口社会融合方面仍然具有重要的借鉴和参考意义。从表 3-10 可以看出，不同民族主要使用本民族的语言，其次使用较多的是汉语，而对其他民族的语言可能了解不多，也不会使用。为了使流动人口很好地融入当地社会，语言培训和学习是一个主要的方面。

表 3-10　分民族的流动人口语言使用结构　　单位：人

语言	民族						合计
	藏族	汉族	回族	白族	纳西族	其他民族	
藏语	230	122	6	9	2	3	372
汉语	296	616	40	99	16	33	1100
白族语	9	12	4	95	2	5	127
纳西语	1	6	0	2	13	4	26
其他民族语言	1	5	0	0	0	14	20

（三）流动人口与当地人交流是否有困难

在本次调查中，我们考察了流动人口与当地人的交流困难程度的主观感觉。总体上来看，流动人口认为他们与当地人口的交流没有困难的比例最高，占了 2/3 左右，认为比较困难的流动人口占了 31%，只有很少比例（3.5%）认为交流非常困难（见表 3-11）。因此，可以认为流动人口与当地的交往不存在太大的困难。

表 3-11　不同受教育程度的流动人口与当地人交流情况　　单位：%

交往难度	受教育程度				合计
	小学及以下	初中	高中或中专	大专及以上	
非常困难	3.45	3.85	4.55	1.64	3.48
比较困难	33.99	20.51	34.3	37.16	31.09
没有困难	62.56	75.64	61.16	61.2	65.43

注：Pearson chi2(6)= 19.7589，Pr=0.003。

但是我们根据受教育程度来深入分析后发现，不同受教育程度的流动人口与当地人交往困难与否存在显著的差异，认为非常有困难的主要是文化程度相对于大专及以上较低的那一部分，而具有大专及以上文化程度的人认为交往非常困难的比例要低于小学及以下、初中和高中或中专。这给我们一个重要的启示，即提高受教育程度有利于减少他们与流入地人口的交往难度。

（四）交往困难的主要表现

上一部分是对流动人口与当地人口交往难度做一个概括的评价，但是这并不能深入分析他们到底在哪些方面存在困难或障碍。因此，本部分将深入分析流动人口交往困难的主要表现（见表3-12），从表中可以看出，流动人口与当地交往困难主要表现在语言障碍方面，这与前面的分析相当吻合，主要是因为各民族主要使用本民族的语言，而对其他民族的语言使用很少甚至不了解，尤其是那些从非少数民族地区流入的人口，他们不仅听不懂流入地的民族语言，连少数民族的普通话也不能完全听懂。总体上看，流动人口中有70%的交流困难表现在语言障碍方面，其次是风俗习惯。我国不仅民族众多，地域也非常辽阔，不同民族不同区域都具有不同的风俗习惯。此次调查资料显示，风俗习惯的差异也是导致流动人口与当地人口交往困难的另一个主要表现，第三个表现是宗教信仰的不同。不同的宗教信仰也很难使他们有共同的价值观和理想。从表3-12还可以看出，流动人口与当地人口交往困难主要表现在一个方面，而同时面临两个或多个方面的困难很少，大概在1%左右。

表 3-12　分民族的流动人口与当地人口交往困难的主要表现 单位：%

困难表现	民族						合计
	藏族	汉族	回族	白族	纳西族	其他民族	
语言障碍（1）	63.93	74.55	76.19	56.5	26.67	78.6	70
宗教信仰（2）	11.48	4.09	0	4.35	0	0	4.51
风俗习惯（3）	22.95	19.09	19.05	35.9	73.33	21.4	23.2
1+3	1.64	1.36	4.76	0	0	0	1.24
2+3	0	0.23	0	1.09	0	0	0.31
1+2+3	0	0.68	0	2.18	0	0	0.78

注：Pearson chi2(30) = 56.2838，Pr = 0.003。

（五）流动人口身份是否受到歧视

中国自出现大规模的人口流动以来，流动人口就一直受到不同程度和不同方面的歧视，比如就业的户口限制。即便在今天，流动人口在城市仍然存在一些制度性的歧视。有专家研究认为，流动人口是农村中受教育程度较高，年轻力壮的一个群体，他们具有较高的人力资本，是农村人口的精英和骨干，他们来到城市为城市发展做出了巨大的贡献，流动人口不应该受到歧视，他们理应和户籍人口一样平等地享受城市基本公共服务。

从表 3-13 可以看出，流动人口因自己民族（或外地人）身份经常受到歧视的比例很低，只有 2.14%，总体上，流动人口认为没有受到歧视的比例最高，占了有效样本的 70.61%，但是偶尔受到歧视的比例也并不低，占了 27.25%。因此，流动人口受歧视的现象一直存在，只是受歧视的程度和表现的领域不同而已，这是需要社会给予关注和解决的重大问题。

表3-13 分民族的流动人口是否因自己民族（或外地人）

身份受到歧视　　　　　单位：人，%

民族	频率			合计
	没有	偶尔有	经常有	
藏族	245	79	5	329
汉族	428	185	15	628
回族	25	13	1	39
白族	82	34	4	120
纳西族	17	3	0	20
其他民族	27	4	0	31
合计	824	318	25	1167
比例	70.61	27.25	2.14	100

注：Pearson chi2(10) = 12.4393，Pr = 0.257。

（六）流动人口受到歧视的主要场所

从上述的分析发现，流动人口偶尔受到歧视的比例并不低（27.25%），为了深入了解他们到底在哪些领域、在哪些场所受到歧视。我们做了进一步的调查和分析，结果如表3-14所示。从总体来看，流动人口主要是在公共场所受到歧视，占了40.32%，其次是在工作和生产中的歧视，占了21.7%，在求职和子女上学方面受到的歧视比例相当，均占14.5%左右，在看病就医方面是最低的，这可能与最近几年实施的新型农村合作医疗制度有关。

表3-14 分民族的流动人口被歧视主要领域　　　单位：人，%

民族	受歧视的主要场所					合计
	公共场合	求职	工作和生产	子女上学	看病就医	
藏族	66	38	22	8	7	141

续表

民族	受歧视的主要场所					合计
	公共场合	求职	工作和生产	子女上学	看病就医	
汉族	155	46	98	67	37	403
回族	13	3	5	2	0	23
白族	32	12	19	14	16	93
纳西族	3	1	4	2	0	10
其他民族	6	1	0	4	1	12
合计	275	101	148	97	61	682
比例	40.32	14.81	21.70	14.22	8.94	100

四、流动人口族际关系影响因素

云南边境地区流动人口问卷调查资料统计分析发现，流动人口中认为族际关系"非常和谐"的人数占有效样本的37.89%，认为民族关系"基本和谐"的占57.09%，两者合计为95%，而认为民族关系存在问题的只占有效样本的2.46%，不关心的占2.54%，后两项合计只占5%。据此可以判断，边境地区流动人口的民族关系总体上比较理想，但不同民族对流入地的民族关系的和谐程度评价差异比较显著（见表3-15）。

表3-15 云南边境地区流动人口族际关系　　　　单位：%

民族	民族关系			
	非常和谐	基本和谐	存在问题	不关心
藏族	53.03	44.55	1.21	1.21
汉族	30.74	63.23	3.65	2.38
回族	35.56	60.00	0.00	4.44
白族	33.91	59.32	1.69	5.08

续表

民族	民族关系			
	非常和谐	基本和谐	存在问题	不关心
纳西族	31.81	54.55	0.00	13.64
其他民族	45.16	54.84	0.00	0.00
合计	37.89	57.09	2.46	2.55

注：Pearson chi2(15)=68.9282，Pr=0.000。

从表3-15的统计结果可知，不同民族对他们所在地区的民族关系评价具有显著的差异。那么，除了民族本身是否还有其他因素？具体是哪些因素？他们如何影响流动人口的民族关系？为了回答以上问题，我们根据 Milton Godon 提出的民族交往、通婚、民族认同、民族偏见、文化等民族关系理论模型，并结合流动人口自身的特征进行实证分析，模型回归结果如表3-16所示。

表3-16　流动人口族际关系评价的序次 logistic 回归结果

自变量	风险比	标准误	Z值	显著性	95%置信区间	
性别（男性）	1.057097	0.1374814	0.43	0.669	0.8192406	1.364013
年龄（20岁以下）						
20~29岁	0.5982531	0.160938	-1.91	0.056	0.3531023	1.013606
30~39岁	0.6222736	0.1920982	-1.54	0.124	0.3397913	1.139595
40岁及以上	0.4935594	0.1635436	-2.13	0.033	0.2578037	0.944909
民族（藏族）						
汉族	2.221519	0.3875944	4.57	0.000	1.578115	3.127242
回族	2.285215	0.8978784	2.1	0.035	1.057994	4.935949
白族	2.388033	0.6220424	3.34	0.001	1.433233	3.978909
纳西族	2.786302	1.501468	1.9	0.057	0.9690301	8.011599
其他	1.28557	0.5549795	0.58	0.561	0.551611	2.996117
家庭民族构成（单一民族）						

续表

自变量	风险比	标准误	Z 值	显著性	95%置信区间	
两个民族	1.353102	0.2908546	1.41	0.159	0.8878944	2.062052
多个民族	0.2663105	0.1558317	−2.26	0.024	0.0845878	0.838435
受教育程度 （小学及以下）						
初中	0.7927833	0.1542503	−1.19	0.233	0.5414245	1.160837
高中或中专	0.9241716	0.1732092	−0.42	0.674	0.6400583	1.334399
大专及以上	1.227358	0.2357574	1.07	0.286	0.8423024	1.788441
职业（工人）						
农民	1.077089	0.2718329	0.29	0.769	0.6567917	1.766345
干部或公务员	0.8457942	0.2494649	−0.57	0.570	0.4744659	1.507733
教师	0.805124	0.2824052	−0.62	0.537	0.4048512	1.601143
医生	0.9713751	0.4388902	−0.06	0.949	0.4006766	2.354941
务工	1.009284	0.2329996	0.04	0.968	0.6419598	1.586787
经商	1.31145	0.3001355	1.18	0.236	0.8374288	2.053789
其他	1.217247	0.3906701	0.61	0.540	0.6489177	2.283327
其他民族的 宗教看法（欣赏）						
尊重	1.004776	0.2178299	0.02	0.982	0.6569513	1.536756
反感	1.569468	0.9101937	0.78	0.437	0.5036267	4.890985
无所谓	2.752292	0.7565048	3.68	0.000	1.605944	4.716924
婚姻状况（已婚）						
未婚	1.478692	0.2819581	2.05	0.040	1.017584	2.148748
离异	7.12925	3.950715	3.54	0.000	2.406277	21.122340
丧偶	1.625417	1.211621	0.65	0.515	0.3771037	7.005981
再婚	2.635363	2.613464	0.98	0.328	0.3773217	18.406410
族际通婚态度（赞成）						
反对	1.146868	0.3154347	0.5	0.618	0.6689584	1.966202
无所谓	1.411039	0.1879796	2.58	0.010	1.08678	1.832047
受民族歧视（没有）						
偶尔有	1.308071	0.190387	1.85	0.065	0.9834239	1.739891

续表

自变量	风险比	标准误	Z 值	显著性	95% 置信区间	
经常有	1.107173	0.5160271	0.22	0.827	0.4441101	2.760199
流动范围（边境地区）	1.136774	0.1968221	0.74	0.459	0.8096481	1.596070

注：括号内为参照组，N＝1098，伪判定系数 R^2＝0.0782，Prob>chi2＝0.0000。

　　根据表 3-16 模型回归的结果发现，云南边境地区流动人口的性别、职业、流动范围和受教育程度对民族关系的评价在统计上均没有显著的影响，而年龄、民族、家庭民族构成、对其他民族的宗教看法、婚姻状况、族际通婚态度等都会影响流动人口对他们所在地的民族关系的评价。虽然流动范围对他们的民族关系评价在统计上没有显著影响，但流动范围也会影响到民族关系，非边境地区的区域外部流动与边境地区内部的流动相比，他们认为当地民族关系非常和谐的可能性较低。这主要是因为当地的民族文化差异较大，非边境地区流动人口对当地的语言、风俗习惯都不可能很快适应。著名地理学家 Tobler 曾经提出，任何两个事物间都有联系，但是距离越近的两个事物之间的联系比其他任何事物之间的联系要强得多[1]。

　　关于受教育程度对民族关系的评价，在此次调查中总体来看虽然没有显著影响，但从模型的结果可以发现，以高中或中专为界限，文化程度对民族关系评价的影响发生了变化，高中及以下的流动人口认为当地的民族关系和谐的可能性较高，而大专及以上的流动人口认为当地民族关系可能更不和谐。这有可能因为文化程度较高的人对民族关系的内涵与文化较低的人的理解不一致，他们看到的民族关系可能不是日常的生活关系，更多会根据自己通过媒体、网络等外部获得的信息来宏观判断民族之间的关系。

---

　　[1]　Tobler W. A Computer Movie Simulating Urban Growth in the Detroit Region [J]. Economic Geography, 1970, 46 (2): 234-240.

年龄对流动人口民族关系评价有显著的影响，但代际之间有所不同，20~39岁的流动人口与20岁及以下的年轻流动人口相比，对当地民族关系的评价没有差异，但40岁及以上的流动人口与20岁及以下的流动人口相比，他们认为民族关系存在问题的可能性较小，这主要与他们在流入地生活了较长时间，完全适应当地的生产生活，能够很好地融入流入地社会有很大的关联。在我们的调查中，长时间生活在藏区的少数民族大部分能够用流利的藏语与当地人交流，其日常的生活习惯已经与当地基本一致，青稞面、糌粑、酥油茶在他们日常生活中已经不可或缺，而刚刚流入藏区的年轻一代则认为民族关系不太和谐或者根本不关心这个问题。

从民族属性来看，不同民族对所在地区的民族关系评价的差异非常显著，其中汉族、白族和回族与藏族相比，他们对当地民族关系的评价与藏族有很大的差异，但纳西族、其他民族与藏族之间不存在明显差异。家庭民族构成也会对族际关系的评价有显著的影响，家庭有两个民族的流动人口与家庭为单一民族的流动人口相比，不存在明显的差异，但多民族家庭却有所不同，他们认为当地民族关系存在问题的可能性较低，总体上认为民族关系比较和谐。即流动人口的家庭民族构成越复杂，他们认为民族关系和谐的倾向就越高，而民族结构越简单的家庭认为民族关系不和谐的可能性就越高。这与多民族家庭在日常生活中互相得到认同有极大的关联，同时多民族构成的家庭允许多民族存在于同一家庭也可能与多民族长期邻近而居、文化上互相影响、族际之间长期互相通婚及民族观念受父辈对民族的关系的态度影响有很大的关联，这显然与现实生活非常吻合。

第四章

流动人口族际关系的形成及其影响

云南共有 26 个人口总量在 5000 人以上的世居民族、25 个独有民族和 16 个跨境民族，各民族在历史发展中形成了"大杂居、小聚居"的交错分布格局。这种分布格局从根本上决定了各民族之间的融合程度，杂居格局促使了不同民族之间的相互交往与融合。2015 年 1 月，习近平总书记在云南考察工作时强调："通过同云南各族干部群众广泛接触，我深深感到，云南民族关系亲密融洽，云南民族工作成绩突出，这是云南最宝贵的财富。"要求云南要建设成为全国民族团结进步示范区，要求云南省委必须把"在云南，不谋民族工作就不足谋全局"作为一条最重要的经验。随着边境地区经济日益发展，云南各民族群众出现人口的大流动。中华人民共和国成立初期，为了对边疆民族地区丰富的资源进行开发建设，国家对云南实施了大规模的政策性移民。1951 年从内地先后迁移 20 多万人到云南边疆地区，这种大规模的人口迁移导致了云南边疆地区各民族人口相互比例的改变。例如在西双版纳，中华人民共和国成立前，当地傣族人口较多，约占总人口的 52%，哈尼族、布朗族、瑶族、化族、基诺族、汉族等的人口约占 48%。至 1983 年，西双版纳共建立了景洪、东风、橄榄坝、勐养、大渡岗、勐腊、勐醒、勐捧、黎明等 10 个县一级的国营农场，全州汉族人口由 1955 年建立自治州时的 1.7 万人上升到

19.17万人，西双版纳的民族构成发生了巨大的变化，形成了傣族、汉族和其他少数民族各占1/3的格局。在"文化大革命"期间，北京、上海、四川和云南本地的20多万名知识青年来到云南边疆民族地区，形成又一次人口大迁移。他们与边疆少数民族同生活共劳动，交流了边疆与内地的观念和文化，极大地密切了内地与边疆的联系，有效地消除了边疆少数民族对内地的陌生感甚至猜疑，对加强民族团结产生了积极而深远的影响。改革开放以来，城乡劳动力的大转移，使各民族族际交流更加广泛，先后有数十万内地人口到云南边疆各地经商或从事其他经营活动，不少人落籍当地。这些内地人口在边疆从事办企业、做买卖、长途贩运和服务性行业等活动，活跃了边疆的经济生活，密切了与边疆各民族的关系。另外，随着城镇化进程的推进，云南城镇建设向"城市群""城市带"方向发展，大量农村人口特别是少数民族人口快速向城镇转移，2010年全省城市社区常住人口914.44万人，其中少数民族常住人口174万人，占城市社区常住人口的19%，到2013年全省城市少数民族人口已近300万人[①]，少数民族流动人口融入城市建设与发展的程度日益加深，对云南边境地区社会经济产生了重要的影响。

一、边境地区流动人口族际关系的形成途径

（一）族际通婚

国外学者在研究移民与迁入地居民通婚时，大多认为不同文化背景

---

① 中国社会科学院"云南省民族团结进步边疆繁荣稳定示范区建设研巧"课题组．民族团结云南经验——民族团结进步达疆繁荣稳定示范区调研报告[M]．北京：社会科学文献出版社，2014：477.

的族际通婚是衡量社会融合的一个很重要的指标。改革开放以来，随着云南边境地区对外开放与经济发展，吸引了大量的内地人口和境外人口的流入，不同民族之间的族际通婚及同一民族的境外跨境民族通婚也变得较为普遍。一般认为，族际通婚是衡量民族关系的一个核心指标。分属于不同民族属性的异性个体之间的婚姻缔结被称为族际通婚①，或族际婚姻、异族通婚、民族外婚。② 不同民族根据文化标识将人群分为同族与异族，异族通婚意味着把一个与自己具有不同文化体系的异性吸引到自己的群体之中。随着市场经济在各个领域的渗透，基于民族经济交往的社会交往将会日益频繁，族际通婚也将会变得更为普遍。在实际生活中，对异族通婚是反对还是赞成，在很多情况下取决于这两个民族之间的政治、经济、语言、文化、风俗习惯等方面的融合程度，只有彼此之间的族际身份得到高度认同之后才可能出现大规模的族际通婚现象。不同民族之间互相通婚的水平可能由各民族的人口相对规模、居住空间形态（聚居／散居）、历史文化传统、语言沟通是否顺畅、宗教信仰是否一致等因素共同决定。③ 云南有 16 个跨境民族，由于历史、地理等原因，边界线两侧有着大量的边民跨境而居，从而形成庞大的跨境民族群体。境内外的跨境民族世代通婚，血缘、亲缘关系不断，云南边境地区流动人口的族际通婚状况如表 4-1 所示。

表 4-1　流动人口的族际通婚状况及其变化　　　　　单位：%

民族	2011 年		2012 年		2013 年	
	族内婚	族际婚	族内婚	族际婚	族内婚	族际婚
汉族	98.46	1.54	98.63	1.37	98.49	1.51
蒙古族	49.01	50.99	41.27	58.73	45.45	54.55
满族	38.70	61.30	37.17	62.83	41.01	58.99

---

① 李晓霞. 试论中国族际通婚圈的构成[J]. 广西民族研究，2004（3）：20-27.
② 路遇. 新中国人口五十年（下册）[M]. 北京：中国人口出版社，2004.
③ 李晓霞. 中国各民族间族际婚姻的现状分析[J]. 人口研究，2004（3）：68-75.

续表

民族	2011 年		2012 年		2013 年	
	族内婚	族际婚	族内婚	族际婚	族内婚	族际婚
回族	92.37	7.63	93.64	6.36	94.80	5.20
藏族	89.55	10.45	87.68	12.32	89.35	10.65
壮族	74.58	25.42	74.62	25.38	71.83	28.17
维吾尔族	98.24	1.76	96.04	3.96	98.36	1.64
苗族	71.40	28.60	67.66	32.34	67.25	32.75
彝族	64.48	35.52	55.19	44.81	58.14	41.86
土家族	64.94	35.06	65.87	34.13	62.42	37.58
布依族	57.27	42.73	62.79	37.21	64.45	35.55
侗族	60.66	39.34	56.93	43.07	52.85	47.15
瑶族	46.25	53.75	48.62	51.38	38.82	61.18
朝鲜族	87.36	12.64	79.82	20.18	84.34	15.66
白族	67.06	32.94	59.83	40.17	67.18	32.82
哈尼族	80.60	19.40	78.21	21.79	72.12	27.88
黎族	36.92	63.08	32.5	67.50	50.00	50.00
哈萨克族	80.00	20.00	63.64	36.36	89.66	10.34
傣族	17.65	82.35	31.58	68.42	34.78	65.22
其他	58.96	41.04	60.61	39.39	57.44	42.56

资料来源：国家卫计委流动人口司，2011 年、2012 年、2013 年流动人口动态监测调查数据。

再从择偶观念来看，云南边境地区流动人口族际通婚意愿十分强烈，各地区、各民族之间的族际通婚现象比较普遍。而且很多家庭不仅是两个民族之间的通婚，还是多个民族成分的成员之间的组合。一个三代人以上较大规模的家庭中，来自两个、三个甚至更多不同民族成员的现象很普遍。[①] 各民族之间的通婚比较常见，因通婚促使的血缘融合是不同民族、不同群体之间的高度融合，如果两个民族之间的文化彼此不认同，一般不太可能接受对方，更不可能结婚成家实现血缘的高度融合，多民

---

① 郭家骥. 云南省城市民族关系面临的问题与对策[J]. 云南民族大学学报，2012（6）：34-50.

族家庭的形成意味着不同民族之间在文化上相互吸纳、包容和交流，在情感上更加亲近，各民族之间"你中有我，我中有你"的和谐民族关系得到了进一步的发展。

世界各国都倾向于把族际通婚率作为衡量族群关系的一个重要指标，因为它最能反映整个民族之间关系的深层文化形态。因为在所有的人类关系中，唯有婚姻关系是全面关系，唯有这种关系包含人与人关系的全部五大内容，即生理关系、经济关系、社会关系、权力关系、文化关系，它是人类社会唯一的全面关系，族际通婚折射出民族之间的所有关系。人的成长包含着三层含义：第一是生理性成长，容易理解；第二是文化性成长，形成性格和能力；第三是社会性成长，是指在成长的过程中获得社会身份和社会关系，这也是我们每一个人融入社会的宝贵资源。不同的人的社会关系资源不一样，发展的机会自然也不一样。父母、亲戚是通过自然因素获得的第一批社会关系；当我们进入学校，结识了老师、同学，这是第二批社会关系；走出学校进入社会又会认识来自不同地区、不同民族的同事、战友等很多社会关系，这是第三大资源。来自不同民族的两个人结婚，首先建立起生理关系，家庭的建立必须以物质为基础，因此接下来又会建立经济关系，同时，两个人的结合也是两个人的社会关系网络的某种联结，最基本的夫妻双方家庭的核心亲属关系的认同与否很重要。同时，婚姻关系也是一种权力关系，也就是人与人之间无时无处不在的意志关系，例如是按我的意图行事，还是按你的意图行事。从广义上讲，所有人都追求对他人的影响力，每个人都希望自己的影响力比对方要大一点，自己多影响对方一点，这是人的内在需求，婚姻中的夫妻关系中也包含这种权力的竞争，它也需要在竞争过程中形成双方接受的方式。更为深刻的是，婚姻关系还是一种文化关系，是两个价值体系之间的关系，相互的价值体系不一样，就会不断发生碰撞，心理需求不一样也会不断发生碰撞。总之，婚姻关系是人类全部关系的一个缩影，族际通婚状况也是民族关系状况的一个缩影。当不同民族的男女能够恋爱建立家庭，这很不容易，这可以说明两个民族之间相互的认同达到了相当的深度。尽管族际通婚表面发生在少数人之间，但折射出的族际民族心理非常深刻、非常普遍。边境地区流动人口的族际通婚和跨境通婚关系一旦建立起来，其他的生理关系、亲属关系、经济关系、社会关系、权力关系、文化关系等一切社会交往关系将会建立起来，因此流动人口的族际关系也将建立起来。

（二）移民网络

移民网络理论也称社会资本理论。流动人口形成的社会关系网络对流动人口的后续迁移具有较大的影响，当大量迁移者在迁入国（地）定居，迁移者网络就可能很快形成，并给跨境迁移施加惯性，促使人口迁移不断进行和迁移流动人口的规模更大。移民网络是一系列人际关系的组合，其纽带可以是血缘、乡缘、情缘等。移民网络形成后，移民信息可能更准确、更广泛地传播，移民成本和风险可能因此而降低，预期纯收入可能会增加，从而不断推动移民潮。所以，一旦迁移行为开始和移民网络建立，将通过扩散过程而促进自身维持下去，除非迁移发生的原始环境发生重大改变。尤其在发展中国家，随着时间推移，向国外特定地区定向移民可能融入某地的乡俗民风，不再与经济、政治条件直接相关。

云南边境地区地理位置特殊，与缅甸、老挝和越南三国相邻，人口跨境流动较为频繁，跨境移民网络形成促进了后续人口的持续迁移，从而导致移民数量逐年递增，不论是国外跨境民族还是内地人口的流入，人口一旦进入边境地区，随着在边境地区的长期化居住，建立起了稳定的社会关系网络，当这些移民返回迁出国或者返回流出地以后，便会将迁入地的就业信息带回，为潜在移民提供迁移信息，帮助他们做出迁移决策，最终促进迁移行为的发生，当单个流动人口在流入地打稳了基础之后，便会将其家庭成员接到流入地工作和生活，因此建立起家庭关系。随着迁移人口规模的扩大，边境地区来自不同国家、不同民族的人口构成变得更加复杂，于是形成了复杂多元的族际关系。21世纪，中国面临着来自国内外各方面的严峻挑战，维护好族群团结、推动各族之间的良性互动，需要在尊重群体差异的同时，既不强化差异也不固化差异，而是通过经济和社会活动的相互参与及各族文化的多向交流逐步缩小差距，逐步加强对彼此现存差异的理解和包容，共同构建包容各族文化精华的中华文化，这应当是中国族群关系发展的大方向。

（三）跨境通勤

边境地区流动人口的族边际关系的形成原因，除了较长时期的迁移流动外，还有一类非常重要的流动——通勤。通俗地讲，通勤就是上下班，即前往或离开工作地，或者通勤者从家中往返工作地的过程，跨境通勤就是通勤者在上下班途中穿越边境检查站的过程（李红，2010）。[①]本书中的上下班并非严格意义上的稳定工作者，还包括一些小商小贩等灵活就业者，通勤行为以天为周期。边境地区的通勤行为和内地通勤行为不一样。边境地区的从业人员因工作和学习等原因往返于住所与工作单位或学校的行为，被称为跨境通勤。通勤是工业化社会的必然现象，随着交通工具的发展，如汽车、火车、公共汽车、自行车、地铁、高铁等交通工具迅速发展，让住在较远处的人可以快捷地上班。

跨境通勤对于跨境双方国家具有一定的消极影响。首先，加剧区域内高端人才的恶性竞争，对于跨境通勤者而言，长年累月往返于通关通勤的等待，增加了自身及企业的时间成本和机会成本；其次，增大了交通基础设施运输压力和管理难度。但是跨境通勤更多的是带来了一定的

---

① 李红.跨境通勤：粤港澳紧密合作的新指标——以澳门为例[J].世界经济研究，2010（3）：81-86.

积极影响：首先，加速区域内人力资源的共享，对相同的人力资源按照时段和产业链环节的功能进行分段、分类利用，缓解人力资源紧缺方的供应量，调节区域内的人力资源供需关系，推动区域内的劳动力市场、人才市场的转变，推动资源的跨境互动、集聚、整合，错位发展形成具有竞争力的产业圈等。其次，带动跨境基础设施的完善、城市间的链接及各级跨境联络机制的构建等。最后，除了经济方面的影响，跨境通勤促进了双方的社会互动，就业人员长期往返于边境国家，对双方边民的社会互动起到了一定的纽带作用，在长期的社会互动中逐渐建立起稳定的族际关系。云南边境地区的中缅、中越、中老边民到对方从事临时性的工作的现象比较普遍，越南边民到中国云南边境收割甘蔗、云南边民到缅甸当伐木工等临时性的工作，双边边民都会跨境到对方境内砍甘蔗、割胶、种植、搞建筑、做生意或在服务行业工作等，这些临时工每天住在本国，到邻国边境地区打短工，通过每天跨境通勤往返于两国之间，加强了彼此之间的联系，对促进边境地区的民族交往产生了重要的推动作用。

（四）文化交流

跨文化型流动人口参与科技、教育、学术、留学、体育、旅游等活动，这类流动人口主要集中在一些大型企业项目和高校、水电工程的高级管理和核心技术人员、外企人员、高校的外籍专家和留学生，其中以外籍教师和外国留学生最多。随着全球化的推进，云南省各高校的外籍教师的跨文化交流不断扩大。2008年云南主要高校的外籍教师统计情况，如表4-2所示。

表4-2 2008年云南主要高校的外籍教师统计

高校名称	外籍教师数量（人）
云南师范大学	4

续表

高校名称	外籍教师数量（人）
云南大学	5
昆明理工大学	5
云南民族大学	7
云南农业大学	6
昆明医学院	3
云南财经大学	12
西南林学院	3
昆明学院	5
云南警官学院	1
红河学院	4
曲靖师范学院	6
楚雄师范学院	5
玉溪师范学院	2
大理学院	5
昆明冶金专科学校	4
思茅师范专科学校	3
文山师范专科学校	2
丽江师范专科学校	1

资料来源：何跃．云南境内的外国流动人口态势与边疆社会问题探析[J]．云南师范大学学报（哲学社会科学版），2009（1）：18-25．

近年来，云南部分独立学院和民办高校也纷纷聘请外籍教师。2008年统计数据①显示，云南师范大学文理学院 14 人，云南师范大学商学院 10 人，云南大学丽江旅游学院 15 人，云南大学滇池学院 5 人，云南经济管理学院 10 人，罗伯特英语学校 9 人，云南爱因森软件职业学院 4 人，津桥学院 8 人。由于各高校聘请外籍教师为 1 年期，期满后有的外籍教师继续聘任，但多数外籍教师 1 年满后，或者回国，或者聘到其他学校。

———————

① 云南省统计局．云南统计年鉴（2018）［M］．北京：中国统计出版社，2009：80-83．

有的外籍教师脱离学校，自己在某小区租房，开设英语班，变动性较大。如曾经在云南经济管理学院任教的美国籍人员，现在云南师范大学附近租住房屋自己办英语班。在这些外教中，有的是国际非政府组织人员，有的是想到云南发展。他们来到中国，在进行跨文化交流的过程中建立起各种族群关系，在工作和生活中逐渐适应中国文化，建立起人际关系圈子，形成了多元化的族际关系。

除了外教，云南省各高校的外国留学生人数也在持续增长。据相关部门统计，2002 年昆明市外国留学生期末实有 898 人，2003 年 910 人，2004 年 1208 人，2005 年 1285 人，2006 年已达到 1521 人。2002～2006 年，昆明市外国留学生数量每年平均增幅为 15%。昆明市留学生数量的变化呈现以下几个特点：第一，东南亚国家留学生数量增长突出。其中以越南、泰国和老挝 3 个国家的留学生数量增长最快。2002 年越南留学生期末实有 89 人，2003 年 243 人，2004 年 306 人，2005 年 444 人，2006 年增加到 515 人，年平均增幅达到 65%。2006 年越南留学生数量已居昆明各国留学生数量之首。泰国留学生 2002 年期末实有 81 人，2003 年 103 人，2004 年 104 人，2005 年 194 人，2006 年 272 人，年平均增幅达 39%。老挝留学生 2002 年期末实有 11 人，2003 年 18 人，2004 年 32 人，2005 年 67 人，2006 年 79 人，年平均增幅为 72%。2007 年以来，泰国留学生、缅甸留学生和越南留学生人数居云南外国留学生的前三名。

（五）边民互市

边民互市贸易是指边境地区边民在我国陆路边境 20 千米以内，经政府批准的开放点或指定的集市上、在不超过规定的金额或数量范围内进行的商品交换活动。这种贸易的参加者主要是农村集市所在地及其附近的农民、手工业者和其他乡村居民。他们之间的买卖活动是生产者向消费者直接出售，是生产者之间的商品交换，是一种简单的商品流通。此外，参加者还有小商贩及其他的生产者和消费者。农村集市贸易在古代早已产生。在手工业和农业分离之后，由于部落之间、农业生产者与手工业者之间的产品交换次数增多，交换的规模和范围扩大，由原始的偶然的交易场所逐步形成为有固定时间和地点的集市。中国南北朝时的农村集市称为草市；唐代南方的农村集市称为墟，北方称为集，西南称为场。农村集市大多地处城市近郊或依傍水陆交通要道。这里较易受商业的刺激，商品交换容易发展。在资本主义以前的历史阶段中，农村集市是小生产者经济联系的集结点。封建社会后期，随着农村商品经济的发展，农村集市有了明显的发展，不仅出现了更多的插足于小生产者之间的小商贩，利用不同集市间的供求和价格的差异，或根据城市市场的需要进行贩运，而且出现了商业资本。他们或者设点收购，或同时控制一部分小商贩，掠夺小生产者的成果。与此同时，有的农村集市所在地出现了固定的商业街道，逐步发展成农村集镇（或称市镇），成为周围集市的中心。

云南边境地区在中越边境地段、中缅边境地段普遍存在农村集市，边境地区农村集市集散中心形成后，以此为核心的社会交往关系圈就会迅速建立起来，并逐渐向边境地区的周围村落辐射，在中心圈向外扩张的过程中，将边境地区的边民联结起来，形成了各种关系网，并对边民的经济与生活产生影响。作为边境贸易中的组成部分，边境集市不但是经济范畴下的集散地，还是边民进行族群互动、信息交换、社会往来的场域。云南与缅甸、老挝、越南三国接壤，"国境线长达 4060 千米，因地理位置、历史环境、民族构成等原因，云南边境自古便存在着边民互市，这种边境贸易大多是跨境民族所为，"在跨境民族对外的经济活动中，边民互市的人数最多，交易的数额也最大。因此，边民互市成为居民进行跨民族、跨区域、跨国界交往的集散地，也成为人们交换生产生活物资、信息、情感的聚集地。边境集市是乡村社会不可分割的重要组成部分，是乡村经济交流的中心，促进着聚落之间、区域之间生产规模的扩大和产品种类的扩展，是乡村与城市经济交流的市场，是城市经济回报于乡村的渗透点；它们还是跨乡村、跨城市、联系全国乃至世界的乡村经济辐射点。在市场经济日趋发达的今天，尤其是道路的修建将农村与城镇进一步连接起来，随着科技的进步、信息的发达及人们需求的提升，无论是从村落居民的生产、生活需求角度，还是从市场经济的"扩张"需求角度，集市都扮演着非常重要的角色，然而它的重要性并不止于此。定期集市深嵌于边境村落的社会生活之中，成为当地村民进行社交的重要公共空间，承载着当地民众的价值表达，涵盖着族群间丰富的社交网络，扮演着见证不同文化交流、融合与变迁的角色。而且作为边境集市，它是连接两个不同体制、不同文明国度的媒介，在一定程度上是不同文化的缓冲和过渡地带，关系着族群认同与国家认同，更在国家权力的实现方面起着至关重要的作用。云南边境地区同时还是"少数民族聚居区"，因边境民族地区远离城市，各种生产生活所需商品的交流与交换主要以乡村集市为主。对于集市中的民族而言，商品选择、交易方式先于民族文化和民族意识等被凸显出来。边民互市点是边境居民接触外部世界、了解外部文化最重要的一个渠道。边民们平常忙于农耕生计，日常的社会活动基本以地缘性和血缘性关系展开，集中于本寨子、本族群，接触外部世界的机会较少。而在集市上，人们不得不跟外界、外族人接触和交流，扩大了人们的活动地域，拓展了人们的社交空间。边境集市上的人员众多，且人们都有着不同国籍、身份、民族、地位与背景，人们在此空间下遇到的人远远超出其所熟识的村落里的人员类型，故而在熟人社会里，集市才算是真正开启人们社交生活的基点。如中越边境地区，马关县金厂街边境集市人员构成的复杂程度远远高于非边境集市，边境集市使不同地域、不同民族、不同国籍及有着不同文化、信仰、意识形态等的人们互相接触，还在一定程度上为双方的更深往来提供契机，如在跨境婚姻中，集市是促使陌生男女得以认识甚至缔结婚姻的一个重要因素。综上可知，集市给人们创造了一个"宽泛"的社交情境，并在此基础上为各族群的社会交往提供渠道，不仅扩展了人们的社交网络，也在很大程度上建构了族群的社会关系空间。边境集市是凝聚国家认同的磁场。"多民族聚居的村落中，体现不同民族交往公共空间的集市最能体现不同的民族认同意识。"①

课题组在广西壮族自治区崇左市宁明县的调研发现，近年来，宁明县以构建互市贸易点为平台，先后设立了北山、板烂、旺英、那支四个边民互市点，并对互市点的办公用房、货场视频监控网络、交通道路等基础设施建设进行了升级改造，贸易环境得到较大改善。

宁明县的四个边民互市点利用了中越两国山水相连，人民友谊历史悠久、源远流长的关系，进一步加强了中越双方的沟通联系，加强了中国与越南边境县在经济、农业、旅游等方面的合作，促使边境线建设成为通往东盟各国的最便捷的陆路通道，促进边境地区经济社会的快速发展，在中国爱店—越南峙马口岸双方能实现人员自由流动。互市点的建立加强了中越两国人民的友好往来，久而久之，贸易中心自然升级为人们的社交中心，通过互市点这个平台让不同民族、不同国籍的公民聚集到一起，为很多未婚青年男女的相互认识提供了一个很好的机会。

边境地区是具有多重意义的存在，尤其体现在民族、国家的认同方面，其中边民对国家的认同是至关重要的。总之，边境地区边民互市点一方面具有内地集市的功能，即保证物资的有序流动，促成人们的"互通有无"，加强个体、族群、民族之间的互动，拓宽人们的社交网络，以及实现多元文化的交流与碰撞，促成社会文化的更新与建构；另一方面，还因其特殊的地理、文化和政治位置，在边境的管理、边民意识形态的形成和边疆的稳定方面都有着非凡的意义，这也正是边民互市区别于内地集市的地方。总的来说，边民互市是一个内容丰富、意义多维的实体，它一方面关联着人们的生存、生产和生活，另一方面关联着边民、边境

---

① 王晓艳. 边境集市与村落共同体的构建——基于中缅边境陇把镇的调查[J]. 民族论坛, 2012（4）：70-72.

和边疆，与物质、文化、社会、国家等的结构密不可分。

二、边境地区人口流动的社会经济影响

（一）改变家庭收入结构，提高收入水平

在资本积累的过程中，人口流动现象非常普遍，人们为了追求更高的收入和更好的工作机会而背井离乡，从小城镇进入大城市、从农村流入城市。就云南边境地区而言，人口大量流动既改变了当地劳动力结构，也促使家庭收入结构多元化和收入水平的提高。现代西方经济学认为，边际收益率较低部门的生产要素流入边际收益率较高部门是提高要素生产效率的重要手段之一，同时也可以促进经济的增长。云南25个边境县（市）大部分地区的流动人口都是农业户口，他们的流动使整个家庭劳动力资源结构发生变化，对于存在剩余劳动力资源的家庭来讲，剩余劳动力资源转移后，从事农业生产的劳动力资源的边际收益率提高，进而流动所带来的收入已经成为家庭收入的重要组成部分。对于流出人口来说，他们大多在城市从事非农生产，每个月获得同等报酬的工资，使家庭的工资性收入增加。

（二）有助于促进观念和意识的改变

云南边境地区位置偏远、交通闭塞，有些县市和民族甚至越过了几个社会发展阶段直接过渡到社会主义社会，生活方式和观念意识落后，例如，澜沧拉祜族自治县少数民族人口占总人口的77.15%，拉祜族是主体民族。由于长期生产力不发达等历史原因，少数民族群众中还沿袭着

落后的生活习俗。许多人家不种菜和吃菜，吃饭常常以一撮盐巴加半截辣椒当菜。外流人口大多走向经济发达的城市，接受来自大都市的新鲜事物和高科技，视野变得更加开阔，传统保守的观念也有所改变。在古代，婚姻大事从来都是"父母之命""媒妁之言"，男女双方没有自由选择配偶的权利和观念，根本不存在恋爱自由和婚姻自由。现在，边境地区人口流向大城市甚至国外，接受新事物、新观念，视野越来越开阔，婚姻观念也由传统走向开放。一些外流青年男女选择配偶也不仅限于本地，大多在外地务工经商后直接定居当地，安家落户，不愿意再回到自己的家乡。同时，由于边境地区特殊的地理位置，一些少数民族往往跨境而居，相同的语言文化和风俗习惯使他们选择走出国门，选择跨境婚姻，追求属于自己的幸福。边境地区的人口流向经济发达的城市和国家，接受不同的经济体制和管理模式，从中学到先进的经营管理理念和技术，也了解了不同行业的发展前景。再加上外出打工有一定的资金积累后，他们不再甘于一辈子只做打工仔，也想自己开店当老板，因此越来越多的人想创业，增加了当地的就业机会，促进了当地经济发展。

虽然人口流动改善了家庭收入结构，增加了收入，但是不可否认，人口流动也产生了消极影响。境外人口频繁流动对我国边疆民族地区的作用和影响是双重的。一方面，境外人员的正常、合法流动对于边疆地区的经济发展、商业繁荣和文化科技交流具有积极的促进作用。大繁荣需要大开放，这是改革开放以来人们对于国际交流的共识。从总体上看，在改革开放进程中，物资和人员的正常流动对于流入地的积极作用是主要的、是必须肯定的，它不仅活跃了边境贸易和双边文化交流，而且有助于深化中国与东南亚国家的互信与友好往来。但是，我们也要看到境外流动人员的成分是复杂的，甚至可以说是鱼龙混杂。大量非法流动人口的存在，对于边境地区的安全、稳定与和谐的负面影响不容忽视。

（三）产生大量留守人口

通过调查发现，由于种种制度、经济及自身能力等客观因素的限制，边境地区人口流出以后大多将未成年孩子、老人留守在老家。青年夫妻外出打工后留下了年迈的父母和年幼的孩子，家中缺乏劳动力，到了春播、秋收等农忙季节老弱妇孺无力应对；年幼的孩子更是无人照看，老人也只能尽自己的力量为孙儿们解决基本的吃饭问题，而对于正确的引导教育和父母的疼爱、完整的家庭温暖却无力给予，造成了留守儿童在成长过程中永远的情感缺失。而且人吃五谷杂粮，难免会有生病的时候，走访时发现，部分村落的自然条件比较恶劣，地形崎岖复杂，几乎找不到大面积的平原，所以各家各户都住的比较远，半个小时之内的路程发现不了两户人家。对于留守家庭来说，孩子和老人生病都没有劳动力送医院，虽说邻里关系特别融洽，但是居住的距离特别远，不能及时提供帮助。对于留守家庭的孩子来说，"家"和"父母"这些温暖的字眼看起来比较陌生，这些看似虽小的家庭问题带来的却是中华美德"孝道"的弱化及青少年犯罪率的逐年上升，这严重影响了社会的和谐发展和社会主义新农村的建设。

（四）给边境安全带来隐患

云南边境地区人口流动造成大量"留守老人""空巢村"的存在，边境地区无人居住就不能更好地守边固土，给边境地区带来了安全隐患。部分打工者举家外迁，造成了一定范围的边境线上无人居住，有人建议把边境沿线所有的边民外迁，整个边境线驻扎中国军队时时刻刻守护，这样就能保证边境沿线的安全和稳定。事实证明这样的举措是不合适的，一是因为军队驻扎会对边境线外侧的外国居民造成恐慌，二是军人毕竟不是土生土长的山里人，对这一带的地形地势不熟悉，万一有什么风吹草动，不利于第一时间获取有利地势。而土生土长的边民就不一样了，他们从小生活在这里，对这里的地形地势、一草一木都了如指掌。这里是他们的家园，花草树木都是他们的家人，俗话说"民以食为天"，如果外国人越过国境线占据国家领土，那么村民就少一寸土地，在这样可利用耕地稀缺的地方可不是小事，所以边民相对于军队来说更是"寸土必争"，捍卫我们的土地资源和国家安全。

边境地区非法跨境通婚问题严重扰乱边境地区社会秩序，并造成很多遗留社会问题，拐卖妇女问题严重。境外妇女被拐骗到中国云南边境的村庄或城市，以几千元的价格卖给当地一些大龄男士为妻。自20世纪以来，拐卖妇女问题在云南边境地区就一直存在。从已有的资料来看，这一问题在中越边境较为严重，形成所谓的"越南新娘"问题，引起国内多家媒体关注。非法跨境通婚可以说是人口跨境无序流动过程中一种伴生现象。非法跨国通婚现象最为集中的地区位于中越边境地段。其中几个边境县最为严重，根据当地政府提供的资料，截至2011年底，该州非法跨境通婚人数达3283人。其中，越南籍3251人，缅甸籍22人，老挝籍10人。非法通婚所生子女共2866人，非法跨境通婚最严重的几个县是M县、L县、F县和X县，非法通婚妇女人数分别为1368人、1243人、421人和147人。有的边境地区一个乡镇就有近600个越南新娘。在跨境非法通婚的案例中，拐卖或者变相拐卖妇女的情况占有相当大的比例。由于特殊的地缘因素，云南边境地区的中缅地段的边民的跨境通婚也较为普遍，只有一部分办理了合法手续。目前，云南边境地区的跨境通婚，尤其是中越边境的跨境通婚，主要原因是云南边境地区婚龄人口男女比例失调，边境一线大龄的男青年难以在当地择偶，而靠近边界的越南地区相对较为贫困，所以家庭贫困的越南女性愿意嫁到中国来。近年来，随着边境开放力度的加大，被拐卖到中国境内嫁人的越南妇女呈明显增加态势，并由边境向内地蔓延。跨国非法婚姻给当事人和当地社会管理带来了一系列的社会问题。一是即使这种婚姻是双方自愿的，但由于跨国通婚的法律手续相当复杂，很多当事人嫌麻烦，不愿意跑到省城办理，致使其中的绝大多数婚姻成为非法婚姻。因非法婚姻没有法律保障，也就缺乏稳定性。这些嫁过来的越南妇女，本意是来这里过好日子的，一旦达不到目的，她们可能会选择携子出走另嫁他人。这样一来，男方就会人财两空。二是跨境婚姻中的外籍妇女由于没有合法的身份地位，其权益得不到保障。目前在中国农村推行的"新农合""新农保"等社会保障，她们都无权享受。因为从法律上讲，这些人员属于非公民，无法享受相应的公民权利。这些问题严重影响了边境地区的社会稳定，给边境地区治安管理带来巨大压力。

（五）人口外流造成边境地区劳动力流失，土地资源闲置

麻栗坡县和马关县 2016 年人力资源和社会保障局提供的资料显示，全县外流人口主要以农村青壮年为主，20～40 岁人口占了 80% 以上。而且外出人口的文化素质相对较高，大部分都是初中以上学历。而留在家里的主要是老人、妇女和孩子。素质相对较高的青壮年大量外流，降低了农村劳动力的整体素质，削弱了农村劳动生产能力和竞争力，不利于农村劳动生产率的提高。同时，大量人口外流造成了当地劳动力资源短缺。据金厂乡干部介绍，金厂乡共 9000 多人，外出务工者 2000 多人，因此造成了当地劳动力资源短缺。而金厂乡近几年有序开发香蕉园 3 万亩，每到香蕉成熟季节，用工量大，季节性工人需求量达到 1 万多人，但当地的劳动力根本不能满足当地需求，一旦错过香蕉成熟季节，会对当地经济产生致命的影响，所以每年 10 月到次年 3 月不得不托亲戚朋友非法从越南获取大量廉价劳动力（越南工人工资 45～50 元/天，中国工人工资 100～120 元/天）。这样就解决了当地用工荒的难题，虽说越南工人来干活是等价有偿所得，但毕竟是两个国家的人，在劳动过程中难免会产生摩擦。季

节性工人大量无序流动会造成边境地区的不稳定，不利于国家安全，应该坚决制止，但是就实际情况来考虑，这些季节性工人是必不可少的，在一定程度上解决了当地的用工难题，减少了农民的损失，方式合情合理，但有时不一定合法。

（六）增加人口与计划生育工作难度，早婚问题突出

由于农村劳动力外出打工多数是自发地、无组织地、盲目地向外地流动，其具有稳定性弱、流动性大的特点，且在外出流动人口中，未婚人口的比重很大。流动人口中大多属于未婚青年，这些未婚人口外流后与当地人结婚的现象非常普遍，非计划生育、超计划生育、未婚先育现象时有发生。人口计划生育工作是边境地区工作重点和难点。边境县市地区地处偏远，各个民族杂居，人们的思想观念比较落后，对生育计划和生育政策没有了解，很多少数民族的结婚年龄明显偏小，还存在很多未成年结婚的现象。结婚年龄过早不仅影响到男女双方的发展，而且可能会因双方心智不够成熟难以应对婚姻家庭的责任而引发婚姻危机，女性过早开始性生活有碍于青少年正常的身体发育，罹患妇科疾病的概率也较大。对于地区而言，人口无计划生育影响到边境地区的人口数量安全，跨境婚姻还可能带来跨境生育管理真空难题。

此外，云南边境地区的人口流动以非法跨境婚姻流动为主体，这些跨境婚姻女性游走于中国相关法律之外，无法对其生育行为进行控制，超生、抢生现象严重。这种非法生育现象对我国计划生育政策的执行构成了挑战。跨国非法婚姻现象已引起有关部门的重视，边境管理部门已经组织力量进行了多次清理整顿，但是收效甚微，反复地遣返最终形成"遣返—回流—再遣返—再回流"的恶性循环，治理整顿成本居高不下，工作难度也不断加大。

第五章

云南边境地区流动人口族际关系的调适对策

随着云南边境地区经济贸易的快速发展和对外开放的进一步扩大，云南边境地区流动人口规模逐渐扩大，地域分布更加趋于分散。外籍流动人口的大量进入，虽然在一定程度上补充了边境地区的劳动力资源的临时性短缺，促进了当地的社会经济发展，但是也给边境地区的治安管理带来了较大的压力，从而影响边境地区的社会稳定。同样，内地人口的流入与回流也会给边境地区带来一定的影响，内陆地区的汉族文化迁入必将与边境地区的少数民族文化产生冲突，从而影响社会和谐。因此，解决好云南边境地区的流动人口管理与服务问题，尤其是边境地区外籍流动人口的服务管理问题，对于促进边境地区的社会稳定、经济发展具有重要的意义。

云南边境地区不论是内地人口的流入，还是境外人员的非法流动都给我国边境地区的安全管理和边疆治理带来了很多难题。尤其是境外人口的非法流入，既侵犯了中国主权，违反了中国法律，又给边疆社会的和谐稳定造成很大麻烦。对于一个综合国力日益强盛，正致力于实现中华民族伟大复兴的国家而言，建设一个安全、稳定与和谐的边疆具有十分重要的意义。同时，边疆的繁荣稳定还是提高边疆各民族国家认同水平的重要条件。边疆安全问题既包括传统安全问题，也包括非传统安全问题，如毒品、艾滋病等问题。提升国家的治理体系和治理能力自然包括完善边疆治理体系，提升国家的边疆治理能力。因此，在新形势下必须加强中国的边疆管理和边境社会的治理。为了妥善解决上述问题，本书提出了云南边境地区的流动人口问题治理对策。

一、政府正式管理与民间非正式管理相调适

长期以来，云南边境地区的和平稳定不仅离不开政府的正式管理，也离不开民间的非正式管理，是政府卓有成效的跨境流动人口管理政策和民间约定俗成的管理手段共同作用的结果，政府管理与民间管理相互协调是跨境流动人口管理的重要调试手段。从政府层面来看，应当严格检查从边境口岸出入的人口和车辆，更要加强边境巡逻，双方边防部队定期或不定期地进行情报交流，坚决杜绝非法流动问题的出现。从民间层面来看，云南边境地区的边民流动大多属于亲戚的走访和日常的往来，允许边民在边境地区的自由流动，其实就这一部分人员的流动而言不会对双边安全造成影响，但是我们也要注意违法犯罪分子利用这些边民进行一些违法犯罪活动，鉴于此，可以和对方国家（主要是越南、老挝和缅甸）政府部门协商，针对边境地区具有跨境姻缘或血缘关系的成员颁发《边民自由往来证》，可以不用办理签证。通过这种政府的正式管理与民间的非正式管理相协调的手段对云南边境地区人口流动进行管理与调适。

政府管理对民间管理的调适是指政府在管理边境地区流动人口过程中不仅要"合法"，而且要"合情"，虽然很多事情是不合法的，但是在当地可能是合情的，比如非法跨境婚姻。遇到这种情况，政府就需要做

出调适，政府在管理这部分人群的时候就要顾及当地的风俗和族群建立的民规族约，不能因为法律的强制性而全盘否定民间管理的约束性。具体做法是允许办有《边民自由往来证》的边民经过边境小道出入边境。一般来说，边境地区的跨境人口流动主要有两个途径：一个是口岸，一个是小道。边境口岸是政府管理跨境流动重要监测点，经过口岸跨境流动的人口都要经过严格的边防检查。但是边境小道是政府管理的"短板"无法做到对每一个边境小道实时监控，而且由于双边关系复杂，具有姻缘或血缘关系的亲属走动比较频繁，很多人利用这个弱点进行流动，管控难度非常大。针对这个问题，政府就要做出适当的调适，发挥民间管理手段，适当允许双边人员通过小道小溪进行日常往来，这会更加合乎边境地区的情理。

二、加强对已有跨境流动人口的管控

跨境人口流动是边境地区人口流动的一大主要特色，也是关系到边境地区安全问题的核心要素，在很大程度上边境安全与否和边境地区的人口管理存在直接的关系。边境地区的人口管理不仅需要"法治"，也需要"仁治"，将"法治"与"仁治"相结合，以治安管理为重点，力求做到非法跨境流动人口管理也可控。例如，跨境通婚、跨境劳务输出等群体虽然与国家的法律有偏离，但这一部分人如果管理恰当并不会对边境地区的社会安全造成影响，相反还可以解决边境地区婚姻问题和劳动力资源的供需不平衡问题。但最关键的问题是要加强管控，以免一些不法分子利用这层关系进行欺骗、诈骗。据有关媒体报道，跨境通婚家庭中已有不少家庭被骗，因而导致本已贫困的家庭"雪上加霜"。很多外籍已婚妇女和丈夫或其他犯罪团伙合谋骗取中国男子家庭的钱财，把中国边境地区庞大的"剩男"群体作为他们的诈骗的目标。在这部分外籍女性看来，"结婚"变成了一种特殊的职业，通过多次结婚来赚取钱财，这就严重影响了边境地区的安全和家庭幸福。

为了加强对整个云南边境地区的外来人口的服务管理，可以将景洪市的"警用地理信息系统"在所有边境县市进行推广。为了有效解决边境地区外来人口管控难的问题，西双版纳傣族自治州景洪市公安局自主研发了警用地理信息系统，实现全市流动人口和出租房屋信息脱网采集和互联共享，并形成了"民警指导、群众自管""手工警察变数字警察"等"五个一"工作方法，为创建和谐边疆打了下良好的基础。"五个一"的工作做法具体是指：

（1）"一套牌匾"，调动群众积极性，实现专门工作和群众路线相结合。一是为出租房主制作一块门牌，张贴在出租房的显眼处，直观反映出租房的基本情况，方便管理和监督。二是颁发"安全文明出租房"牌匾，通过与出租房主签订《出租房屋治安管理责任书》，按照《安全文明出租户管理办法》用身份证查验终端及时采集租房人信息，及时调解租房人矛盾纠纷，向一个月内没有报警的出租房颁发"安全文明出租房"牌匾。三是在出租房集中的地方设置"安全文明出租房公示栏"，及时、动态公布安全文明出租房的房东、房号及电话号码，使租房人能直观简单地找到安全住所，形成了安全出租房供不应求的局面。四是在行业场所推行"红、绿、黄"三块牌分色管理。根据宾馆旅店、街面商铺等行业场所的治安状况，分别对治安重点整治经营户挂"红牌"，社区民警每天进行检查；治安一般经营户挂"黄牌"，社区民警每周进行检查；治安安全文明经营户挂"绿牌"，社区民警抽查。通过"三块牌"的管理，激发了行业场所业主自觉管理的主动性。

（2）"一套数码装备"，让"手工警察"变"数字警察"，实现信息采集数字化。针对以往人口管理手工登记信息、手工更改信息，信息采集难、管理难、应用难的难题，景洪市从2009年9月开始为每名社区民警配备了一套数码装备，实现人手一台笔记本电脑、一台身份证查验终端、一部数码照相机、一个移动硬盘，每个社区警长还多配一台用于上外网的笔记本电脑。社区民警在社区警务工作中，用笔记本电脑、身份证查验终端和数码照相机将人口信息和行业场所信息采集到警用地理信息系统，同时，用移动硬盘收集信息采集员采集的信息，通过公安网上传到指挥中心，使落后边疆地区的社区民警真正成为随时随地采集、应用信息的数字警察。

（3）"一个身份证查验终端"，方便群众参与信息采集，实现信息采集社会化。为解决警力少、人口信息登记难的难题，从2010年6月底，该局大力开展身份证查验终端的推广和使用工作，在全市448家宾馆和131家出租房、单位内部、流动人口服务站配备了身份证查验终端。行业业主、房主、保安、协管员等信息采集员用身份证查验终端将流动人口信息采集到警用地理信息系统客户端，有互联网的通过互联网上传到指挥中心，没有互联网的由社区民警定期下社区收集上传指挥中心，实现了流动人口信息采集的社会化、快捷化。身份证查验终端推广使用后，仅去年就抓获25名在逃人员，身份证查验终端被群众称为"坏人识别器"，从"公安管理工具"变为"保护群众的武器"。

（4）"一套系统"，让"面对面"变成"键对键"，实现人口管理动态化。景洪市采用卫星图片制作了一套警用地理信息系统，并开发出警用地理信息客户端，提供给流动人口服务站（点）、出租房屋业主、单位等使用，分别按照"以房管人、以村管人、以业管人"管理模式进行人口管理。在出租房集中的城中村建立"房主自管"的流动人口管理模式，由房主负责采集信息；在出租房分散的城中村建立出租房屋"旅店式"管理模式，由流动人口服务站的协管员负责采集信息；在住宅小区建立"物业配合、业主参与"的流动人口管理模式，由物业管理工作人员负责采集信息；在企事业单位建立"单位负责、保卫（保安）参与"的流动人口管理模式，由保安或内保人员负责采集信息；在从事橡胶、香蕉种植业流动人口多的农村推广建立"以村管人"的流动人口管理模式，由村干部负责采集信息；在建筑业推广建立"建筑工程队负责、班组长分组管理"的管理模式，由安全管理员以班组为单位采集信息；在农场推广建立"以农场管理为主"的流动人口管理模式，由农场保卫干事负责采集信息。通过运用警用地理信息系统，出租房主、行业业主、保安、物业管理人员等信息采集员及时将人口信息采集上传，改变社区民警下社区逐人逐户采集信息的工作模式，信息采集从"面对面"变为"键对键"，实现人口管理动态化。

同时，针对没有带身份证的流动人口常面对"住店难、租房难、出具证明麻烦"的问题，建立了旅店业"QQ服务平台"，后台设于指挥中心。未带身份证的旅客到旅店入住时，旅店将旅客的信息上传指挥中心，值班人员上公安网查询核实情况，在10分钟内将查询情况反馈到旅店，如身份情况属实，通知旅店给予入住，并将信息录入云南省旅馆业治安管理信息系统。如比对发现无证人员是在逃人员、违法人员或者虚假申报身份，在通知旅店给予无证人员办理入住登记的同时通知民警到旅店实施抓捕或者核实情况。对无证人员的身份核实从"面对面"变为"键对键"，在为旅客提供方便的同时，实现了提升公安管理效能与增加旅店收入"三赢"的效果。

（5）"一张地图"，变"模糊管理"为"准确管理"，实现警务工作精细化。通过在警用地理信息系统的卫星地图上标注人、事（案）、物、场所等信息，可以直观地看到全市房屋分布情况，掌握每栋房屋的楼层、房间、出租房及房东、承租人的基本信息；可直观地看出宾馆、网吧等行业场所的方位、外观照片、负责人和从业人员的信息。运用吸毒人员管理图层可以直观地看到全市吸毒人员的分布情况、管控状态，还可以分析出吸毒人员吸食毒品的种类，为社区民警管理吸毒人员提供了直观的信息。运用违法犯罪嫌疑人管理图层可以分析出违法犯罪嫌疑人通常选择的落脚点，发现治安乱点，为科学合理布警、侦查破案提供信息服务支撑。通过不断加强信息采集和标注工作的力度，为民警开展警务工作提供了快速查询、精确定位、分析比对、动态管控等支撑，实现警务工作精细化管理。

三、加强反拐、反骗监管力度

针对外籍女性被骗、被拐到中国逼迫从事色情服务和强嫁给"老大男"的问题要坚持预防、打击和解救一条线服务到底，被拐卖或被骗到中国极少部分是被绑架过来的，大多数是被亲属和朋友诱惑过来的，来到中国后有三个归宿：一是从事色情服务职业，二是卖给中国男子做妻子，三是在中国境内打工谋生。前两种结果会对社会与家庭带来影响，第三种情况没有太大的问题，但大多数都是前两种结果。如果被骗到中国后从事色情服务，则容易引发各种社会问题，比如艾滋病传播、抢劫及凶杀等，势必严重影响边境地区的安全问题，如果是第二种情况，被迫卖给中国男子做妻子，则会对婚姻家庭的稳定性产生影响，对外籍妻子而言没有实现经济地位的改善，因为大多数"买妻子"的家庭都是经济情况较差的家庭。对于中国家庭，一旦外籍妻子跑婚后将难以追查，最后导致人财两空，这些都会涉及边境安全问题。因此，云南边境地区必须加强反拐、反骗力度，一是加强预防宣传，杜绝拐骗行为的发生，二是坚决打击犯罪分子，对正在进行妇女拐骗行为的犯罪分子严格依法处置，三是对已经被拐卖诱骗的女性积极解救，帮助这些妇女早日摆脱困境，是维护边境安全的重要举措。

四、创新外籍流动人口服务模式

近年来，中国边境与缅甸、越南和老挝在经济、文化等领域的交流合作不断加强，外籍人员到国内边境地区进行经商、务工等经济活动的现象不断增多，① 居住空间相对集中。大多数外籍流动人口能够遵守中国法律，对于这一部分外籍人应该搞好服务工作。具体而言，一是可以开设外籍人员服务管理中心，创新服务模式，建立"一站式"服务管理平台，对于管理部门而言可以降低管理成本，对于外籍务工人员而言，解决了企业外籍工人多、时间紧、办证慢的问题。二是可以采取以房管人的方式对外籍流动人口进行管理，三是可以采取开放式的服务管理模式，将一定数量、具有一定关系基础的外籍人员纳入管理人员组织，以外籍人员管理外籍人员来进行管理，突破以往无外籍管理人员的桎梏，实行开放式的管理。这样可以达到"情况透明、管理得住、管理效果好"的工作目标，有效地维持边境地区社会秩序。

五、站在国家安全的战略高度加强对 跨境流动人口的管理

中国与缅甸、越南、老挝接壤，长期处于和平状态。在当前新时代背景下，云南边境地区的传统安全基本得到保障，却出现贩毒、艾滋病、宗教渗透、拐卖妇女、人口非法跨境流动等非传统安全问题，严重损害了国家主权，威胁着边境地区的社会安全。因云南与多国毗邻，出入境人员复杂，必须站在国家安全的战略高度来解决人口跨境流动问题。边境地区大量的人口无序流动，不仅影响边境地区的社会经济发展，也可能对国家非传统安全带来影响，因此，在处理跨境人口流动问题时，不能就人口问题论人口问题，而必须站在国家安全的角度来解决边境地区的人口流动问题。在经济全球化背景下，对外开放是一项基本的国策，

---

① 张家忠，章春明. 创新中缅边境外籍流动人口服务管理工作的路径分析——以德宏傣族景颇族自治州为例[J]. 云南经管学院学报，2014（1）：98-102.

不能因为跨境流动可能带来的种种问题就闭关自守，应该毫不动摇地抓好"桥头堡"战略的实施，以开放促发展。具体而言，既要建设好边境贸易口岸，扩大对外开放的程度，不能因为某个时期、某个局部地区某些问题严重就走"封关"老路，这是绝对不可行的，另外也要做好边境安全监察，加强对边境线上活动人员的监控，做好应急防范措施，加强边境地区的警力投入。

六、实行边境地区流动人口的分类管理办法

边境地区的特殊地理区位决定了边境地区流动人口结构的复杂性。总体而言，边境地区的流动人口（流入视角分析）按其来源大致可以分为以下几类：一是境外非法跨境流入。目前这是云南边境地区流动人口的主体，以非法跨境婚姻为典型。二是境外人口的合法流入。这在云南边境地区流动人口中只占少数，以文化交流型的留学生流动为主体，近年缅甸、越南、老挝来中国的留学生人数逐年增多，这部分人群属于合法跨境流动。第三类是内地人口的流入。随着西部大开发战略的实施与桥头堡建设及国家经济形势的转变，西部边疆地区的人口流入也逐渐多起来，目前内地人口的流入与境外人口的流入带来的社会经济效应可能有所差异，甚至完全不同，因此对待边境地区流动人口的态度应当有所区别，针对不同类别的流动人口应当采取不同的治理措施。

主要参考文献

[1] 罗仁娟. 云南边境地区人口跨境流出及其影响因素分析[D]. 云南师范大学硕士学位论文，2017.

[2] 何跃. 云南境内的外国流动人口态势与边疆社会问题探析[J]. 云南师范大学学报（哲学社会科学版），2009（1）：18-25.

[3] 张家忠. 瑞丽市外籍流动人口的特点[J]. 湖北警官学院学报，2014，27（1）：35-36.

[4] 国务院人口普查办公室，国家统计局和人口就业统计司. 中国2010年人口普查资料[M]. 北京：中国统计出版社，2010.

[5] 李应子. 云南省流动人口特点及趋势分析[J]. 兰州教育学院学报，2016，32（3）：33-35.

[6] J. B. Lansing，E. Mueller. The Geographic Mobility of Labour [M]. Survey Research Center，University of Michigan，1967.

[7] Tobler W. A Computer Movie Simulating Urban Growth in the Detroit Region [J]. Economic Geography，1970，46（2）：234-240.

[8] 中国社会科学院"云南省民族团结进步边疆繁荣稳定示范区建设研巧"课题组. 民族团结云南经验——民族团结进步边疆繁荣稳定示范区调研报告[M]. 北京：社会科学文献出版社，2014.

[9] 李晓霞. 试论中国族际通婚圈的构成[J]. 广西民族研究，2004（3）：20-27.

[10] 路遇. 新中国人口五十年（下册）[M]. 北京：中国人口出版

社，2004.

[11] 李晓霞．中国各民族间族际婚姻的现状分析[J].人口研究，2004（3）：68-75.

[12] 郭家骥．云南省城市民族关系面临的问题与对策[J].云南民族大学学报，2012（6）：88-104.

[13] 李红．跨境通勤：粤港澳紧密合作的新指标——以澳门为例[J].世界经济研究，2010（3）：81-86.

[14] [美] 米尔顿·M. 戈登．美国人生活中的同化 [M].马戎译．北京：译林出版社，2015：176.

[15] 王晓艳．边境集市与村落共同体的构建——基于中缅边境陇把镇的调查[J].民族论坛，2012（4）：70-72.

[16] 张家忠，章春明．创新中缅边境外籍流动人口服务管理工作的路径分析——以德宏傣族景颇族自治州为例[J].云南经管学院学报，2014（1）：98-102.

[17] Scott Findley, Clara Kraft, Joseph J. Minardi. Definitive Diagnosis before Leaving the Room：POCUS for Pediatric Intussusception ［J］. Journal of Emergency Medicine，2019，57（2）：247-248.

后　记

　　光阴似箭，岁月如梭。短暂的三年博士后生活还没来得及细细品味就转瞬即逝。蓦然回首，感慨万千！面对自己悬而未决的目标，难免心怀愧意。庆幸的是，在这里我遇到了最好的合作导师——骆华松教授，是恩师的不倦教诲及朋友和同学们的热情相助才让我度过了愉快而轻松的三年。想到这些，心中满怀感激。

　　首先，感谢云南师范大学旅游与地理科学学院为我提供了一个优良的学习环境和丰富的智库资源。云南师范大学浓厚的学术氛围陶冶了我的情操，激发了我的学习动力与激情。

　　其次，在诸多需要感谢的人物中，最先值得感谢的是我敬爱的博士后合作导师骆华松教授。他不仅治学严谨、学术精湛，而且待人真诚、性格温和、平易近人。三年里，他不仅教我如何做学问，也教给了我许多做人和做事的道理与基本原则。博士后研究报告，从论文选题到撰写和答辩整个过程都倾注了导师的一片心血。骆老师鼓励我积极参与课题研究，给我充分的锻炼机会。经过导师三年的精心培育，自己的学术水平有了显著的提高，学术能力得到升华，具备了一定的学术修养。

　　还要感谢我的爸爸、妈妈和爱人，我深深地知道，是他们渴望的目光在激励着我一步一步向前奋力迈进。尤其是我的妻子代燕女士，如果没有她对家庭的照顾，我不可能安心地做学问，也不可能有今天的成果。

　　最后，感谢参与我博士后进站、中期考核和出站答辩的各位专家们。在我的出站报告答辩中，各位专家都提出了很多宝贵的意见和建议。本书中肯定还存在很多不足之处，欢迎读者批评指正。

梁海艳

2019 年 9 月 15 日